U0621918

学前儿童美术教育与活动指导

（2022 年修订）

主　编　廖巍巍　周　妍　彭　澎
副主编　顾颖颖　李　昕　秦　雯
　　　　邱　丽　周佰胜
参　编　李庚泉　杨　洵　王成然
　　　　黄　易

湖南师范大学出版社
·长沙·

图书在版编目（CIP）数据

学前儿童美术教育与活动指导 / 廖巍巍，周妍，彭澎主编. —长沙：湖南师范大学出版社，2018.9（2022.9 重印）

ISBN 978-7-5648-3381-7

Ⅰ.①学… Ⅱ.①廖… ②周… ③彭… Ⅲ.①学前教育-美术课-幼儿师范学校-教学参考资料 Ⅳ.①G613.6

中国版本图书馆 CIP 数据核字（2018）第 200747 号

学前儿童美术教育与活动指导
XUEQIAN ER'TONG MEISHU JIAOYU YU HUODONG ZHIDAO

廖巍巍　周　妍　彭　澎　主编

策划统筹：文智达教育

责任编辑：曹大成　黄　林

责任校对：张　蕾

出版发行：湖南师范大学出版社

地　　址：长沙市岳麓山

邮　　编：410081

电　　话：0731-88872751

网　　址：https://press.hunnu.edu.cn

经　　销：各地新华书店

印　　装：湖南省美如画彩色印刷有限公司

开　　本：787 mm×1092 mm　1/16

印　　张：11.5

字　　数：232 千字

版　　次：2018 年 9 月第 1 版

印　　次：2022 年 9 月第 3 次印刷

书　　号：ISBN 978-7-5648-3381-7

定　　价：39.80 元

丛书专家指导委员会

（按姓氏笔画排序）

出版说明

为贯彻落实国家教育规划纲要，深化教师教育改革，全面提高教师教学质量，建设高素质、专业化教师队伍，并积极响应我国"办好学前教育"和"推进学前教育改革发展"的号召，进一步落实《国务院关于当前发展学前教育的若干意见》，促进学前教育持续健康发展，依据当前学前教育改革和发展的要求，积极推进全国师范院校学前教育专业课程改革和创新与实践型教材建设，全面提升学前教育工作者及幼儿园教师教育课程的专业品质，我们在全国范围内组织开展了"21世纪学前教育专业'互联网+'精品教材"的编写工作。

依据教育部相继颁布实施的《教师教育课程标准（试行）》《幼儿园教师专业标准（试行）》的要求，结合《中共中央 国务院关于学前教育深化改革规范发展的若干意见》的相关指导精神，本着"权威、优质、实用、创新"的原则，本套教材的编写主要呈现以下四个特色。

1. 权威编写，打造经典。本套教材邀请学前教育领域资深学者、知名教授成立专家指导委员会，指导并审定编写大纲，组织师范院校经验丰富的一线优秀教师主编，力争以编写人员精深的学科专业知识和严谨的治学研究精神，打造出面向全国学前教育专业的"院校乐用、学生易用"的精品教材。

2. 传承精粹，提升品质。本套教材"博采众家之长"，充分吸收以往研究成果以及其他相同科目教材的优点，同时积极开拓崭新的、领先的、科学的教育教学内容，着力提升其内容品质。

3. 紧贴实践，学以致用。本套教材充分结合教师教育实践以及广大学生高效学习的需求，以课堂教学知识体系为"纲"，以实践中能够学以致用为"本"，从课程的重点、难点知识着手，在知识体系讲解和板块体例安排中尽最大努力以"易教、易学、易用"为原则进行科学设计，并特地邀请幼儿园园长、一线优秀教师参与编写，以切实适应现阶段我国学前教育专业的特点，重点突出基础理论的应用和实践技能的培养。

4. 与时俱进，积极创新。 21 世纪是网络化、信息化、智能化时代。本次学前教育专业系列精品教材改革与时俱进，重点改革教材传授知识的方法与手段。本套教材积极融合现阶段"互联网+"思想，拓展教学资源，建立了包含课程标准、电子教案、教学课件、教学检测、课外拓展等全面、丰富、立体化的课程体系，最大限度地满足现阶段信息化教学背景下师生之间"教"与"学"的教育要求，并在教材板块体系中引入"二维码""微课"等互联网信息化教学形式与内容，将传统教学手段与科技创新手段有机结合，体现严谨治学、与时俱进、生动活泼的风貌。

前言

　　美术是一种创造性的造型艺术，优秀的美术作品是不分国界的。美术是对美的一种传播，美术教育活动则是对美进行传承与传播的最主要的途径。随着我国学前教育教育改革的发展，学前儿童美术教育的方法和理念也在不断创新。我们根据教育部颁发的《幼儿园教育指导纲要（试行）》（教基〔2001〕20号）、《3—6岁儿童学习与发展指南》（国发〔2010〕41号）等一系列文件精神，组织编写了《学前儿童美术教育与活动指导》一书。

　　"学前儿童美术教育与活动指导"是师范院校学前教育专业学生的专业必修课程。本教材反映了目前我国学前儿童美术教育改革的进展情况，分析了全面掌握学前儿童美术领域发展的重要性，充分阐述了学前儿童美术教育发展的时代性、专业性、多元性等，更是注重理论学习和实践活动相结合。全书分为六章，前两章分别介绍了学前儿童美术教育概述，学前儿童美术教育的目标、内容与方法等学前儿童美术教育的基本理论。第三、四、五章主要从绘画、手工和美术欣赏三个方面阐述了学前儿童的美术能力发展特点及各类学前儿童美术教育活动的设计与实施，理论内容与实际操作相结合，学生能更好地掌握和理解相关知识，提升学前儿童美术活动设计与指导能力，丰富的案例增强了教材的可读性与欣赏性。第六章主要介绍了学前儿童美术教育及其活动评价，为更好地提高学前儿童美术教育的质量及指导水平提供了理论依据。本教材每章都设有"学习目标""案例引入""思维导图""活动案例与分析""思考与练习""实训任务"等栏目，旨在引导学生抓住学习重点，提升岗位能力。教材中案例的引入与分析可进一步加深学生对所学知识内容的掌握与理解，"思考与练习"可帮助学生对所学知识

进行巩固与复习，实训任务不仅布置了小组任务，还设计了任务工作单，引导小组合作，实践实训与学习反思。

在编写的过程中，编者参阅了大量的文献资料，并引用了一些学前教育的典型案例和图片资料。南京市百家湖幼儿园曾林洁老师、南京市栖霞区燕子矶幼儿园蒋海燕和王顾玥老师、南京市高淳区武家嘴幼儿园夏利和徐莹玉老师、广东省河源市毕加索创意画室宁培芳老师、湖南省长沙市金色梯田幼儿园谢雨贝老师及湖南省邵阳市蓓蕾幼儿园的廖礼蓉、卿茜、谭乐、李慧、苏美玲、范一俏等几位老师为本书提供了教学一线的美术教育活动设计案例。编者在此对上述画室、幼儿园教师以及参考文献资料的作者表示真挚的感谢。

由于编者水平有限，本教材难免存在不妥和疏漏之处，敬请广大师生批评指正，以便本教材再版时进一步完善。

编　者

第一章
学前儿童美术教育概述

【案例引导】

　　乐乐，中班，从来不愿意画画，美术活动中他会一直坐着发呆。当老师和妈妈沟通的时候，妈妈说："小时候，他画画太废纸了，会乱七八糟地画，一会儿一本画纸就用完了。我教他画苹果、画小鸡，他都画得不像，他一点儿也没有绘画天赋，他放弃了，我也就放弃了。"

　　对于乐乐不愿意画画的现象，你怎么看？美术教育只是教孩子画画吗？美术创作只是有天赋的儿童的专属吗？学前儿童的美术具有怎样独特的价值？学前儿童美术教育又承担怎样的任务？我们一起通过本章的学习，来寻找问题的答案吧！

【学习目标】

知识目标：

1. 了解美术与学前儿童美术的基本知识。

2. 了解学前儿童美术教育的含义、类型和价值。

3. 了解国内外学前儿童美术教育的历史发展与启示。

4. 理解美育的内涵。

能力目标：

1. 观察幼儿的美术行为和作品，解读学前儿童美术的内涵。

2. 能区分美育与美术教育的差异，并说出之间的关系。

思政目标：

1. 树立"儿童中心"的教育立场，对幼儿美术作品感兴趣。

2. 积极发现、探究、解决学前儿童美术教育实践的问题，培养反思意识。

【思维导图】

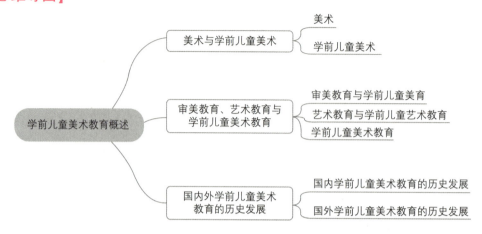

第一节　美术与学前儿童美术

一、美术

美术，也称为造型艺术、视觉艺术或空间艺术，是运用一定的物质材料（如颜料、纸张、布、泥等），通过独特的艺术语言，塑造可视的平面的或立体的视觉形象，以反映社会生活、表现作者的思想情感和审美意识，供人们欣赏的一种艺术活动。那么，美术是如何发生发展的呢？

（一）美术的起源

大约 25 万年前，原始社会早期，人类开始制造劳动工具，当人们发现形式与功能之间的关系时就朝着艺术创造迈出了第一步。早在旧石器时代，人们就已经开始打制石器，并且能制造出形状比较规则的石斧和小型雕刻品。从旧石器时代的打制石器到新石器时代的磨制石器，从青铜时代到陶艺的发展，再从古埃及美术、爱琴美术、古罗马美术等到大工业革命的兴起，几个世纪以来，人类通过劳动创造了世界也创造了艺术，美术逐渐得以形成。关于美术的起源有以下几种说法。

1. 模仿说

模仿说是最古老的艺术学理论，主要代表人物有古希腊哲学家克塞诺芬尼、赫拉克利特、亚里士多德等。他们提出"艺术模仿自然""镜子说""对立的和谐""当你们描绘美的人物形象的时候，由于在一个人的身上不容易在各方面都很完善，你们就从许多人物形象中把那些最美的部分提炼出来，从而使所创造的整个形象显得极其美丽"等观点。亚里士多德还明确限定了文学模仿的对象范围："过去有的或现在有的事、传说中的或人们相信的事、应当有的事"，即"历史或现实题材、神话或寓言题材、理想虚构题材"。他们认为，模仿是人类固有的天性和本能，艺术起源于人类对自然的模仿。模仿说主宰了西方近两千年，但是模仿只是大部分原始艺术创作和制作的主要方法，不是动机，所以模仿起源说不成立。

2. 游戏说

游戏说是关于艺术起源的重要学说之一，主要代表人物有德国著名美学家席勒、德国古典哲学家康德、英国学者斯宾塞等。他们提出"艺术是以创造形式外观为目的的审美自由的游戏""自由是艺术活动的精髓，它不受任何功利和实用的限制和束缚，自由地进行一种精神游戏""人的艺术活动是一种以审美外观为对象的游戏冲动"等观点。他们认为艺术是"自由的游戏"，强调了游戏冲动，突出了艺术的无功利性，这对我们理解艺术的本质具有启发意义。但他们把艺术看成脱离社会实践的绝对自由的纯娱乐性活动，认为审美活动和游戏一样，是人们过剩精力的使用，过剩精力是人们进行艺术活动的动力，把艺术的起源完全归于游戏，这种观点过于简单、片面化，有绝对化的弊病。

3. 巫术说

巫术说是20世纪在西方颇为流行的一种艺术学说理论，代表人物有英国著名人类学家泰勒和弗雷泽。弗雷泽指出："如果我们分析巫术赖以建立的思想原则，便会发现它们可归结为两个方面：第一是同类相生或果必同因；第二是物体一经互相接触，在中断实际接触后还会继续远距离地相互作用。前者可称为相似律，后者可称作接触律或触染律。"[1] 弗雷泽把这两种巫术统称为"交感巫术"。巫术说对于我们理解洞穴壁画、岩画等一些原始艺术现象具有重大意义，但它认为人类最初的艺术只是为了适应巫术活动的需要而产生的，把这种巫术的精神动机视为原始艺术发生的唯一动力，就如卢卡契所说："产生模仿艺术形象的最初冲动只是由巫术操演活动中产生的，这种巫术操演是要通过模仿来影响现实世界所发生的事件。"[2] 虽然巫术是促使艺术产生的因素之一，但却绝不会是唯一的因素。因而巫术说也不能完满地解释原始艺术的真正起源。

4. 表现说

表现说是关于艺术起源问题的重要理论之一。主要代表人物是英国诗人雪莱、俄国文学家托尔斯泰、法国美学家维隆、德国哲学家苏珊·朗格等。他们认为，造型艺术是艺术家表现内心情感的一种心灵活动，造型艺术是主观感觉、情感的表现，强调艺术的直觉感受、主观创造，正如意大利文艺批评家克罗齐在《美学原理》中提出"造型艺术是主观精神的产物，是直觉的创造，是造型艺术家对印象的表现，是一种心灵活动"，又如法国野兽派画家马蒂斯曾说的"我首先所企图达到的是表现""我的道路是不停止地寻找忠实临写以外的表现的可能性"。情感表现固然是艺术的一个重要特征，它在推动艺术的发生和发展上有着不可替代的动力作用，但是表现说过于注重"自我表现"，甚至认为"造型艺术的本质就是自我表现"。要知道，人类表达情感的

---

①詹姆斯·乔治·弗雷泽. 金枝［M］. 汪培基，徐育新，张泽石，译. 北京：商务印书馆，2012.

②刘秀兰. 卢卡契新论［M］. 西安：西北大学出版社，2000.

方式也是多种多样的，语言、动作、神态、表情等都能表达情感，仅强调感情的冲动过于片面化，不能完全说明艺术的起源问题。

5. 劳动说

劳动说在我国文艺理论界占据了主导地位。代表人物有德国国民经济学家毕歇尔、芬兰艺术家希尔恩等，他们认为艺术起源于劳动。恩格斯说："劳动是一切人类活动的第一个基本条件，而且达到这样的程度，以致我们在某种意义上不得不说：劳动创造了人类本身。"[①] 劳动既是人类社会生活的最基础部分，也是原始社会人类艺术最主要的表现对象。但是，劳动并不是原始社会人类生活的全部，不能过分强调劳动与艺术的直接关系。从根本上讲，艺术的产生和发展来自人类的社会实践活动，艺术是在漫长原始社会历史进程中慢慢形成与发展起来的，它是人类社会文明发展历史进程中的必然产物。因此，艺术的起源最终应归结为人类的实践活动。

（二）美术的主要类型

刚开始，人们把美化生活的一切技艺都称为美术，认为一切表现美的技术都是美术。后来，美术一词逐渐从艺术一词中分离出来，成为一种独立的艺术门类。根据表现形式和功能，美术可分为绘画、雕塑、工艺美术、建筑等。

1. 绘画

绘画是美术门类中最主要的艺术形式，它是指运用线条、色彩和形体等艺术语言，通过造型、设色和构图等艺术手段，在二维空间（即平面）里塑造出静态的视觉形象，以表达作者审美感受的艺术形式。绘画的种类繁多，分类方法多样。

（1）根据工具材料的不同，绘画可分为油画（图1-1）、素描（图1-2）、水墨画（图1-3）、水彩画、水粉画、丙烯画、版画等。

图1-1　油画《开国大典》（董希文）

①曹葆华. 恩格斯自然辩证法 ［M］. 北京：人民出版社，1955.

图1-2　素描《祈祷之手》（丢勒）　　　图1-3　水墨画《虾》（齐白石）

（2）根据题材的不同，绘画可分为人物画、风景画、静物画等。

2. 雕塑

雕塑是雕、刻、塑三种创制方法的总称，是用可雕刻和塑造的物质材料（如黏土、石料、木料、金属等）制作出具有实体形象，以表达思想感情的一种造型艺术形式。从表现形式来分，雕塑可分为圆雕和浮雕。

圆雕是不附在背景上，可以四面八方观赏的立体雕塑，如米隆的《掷饼者》（图1-4）。浮雕是在平面上雕出凸起的形象，如《人民英雄纪念碑》（图1-5）。

图1-4　圆雕《掷饼者》　　　图1-5　人民英雄纪念碑浮雕之一《胜利渡江》

3. 工艺美术

工艺美术是将物质生产以"美"的形式创作出来，它是日常生活用品经过艺术化处理，从而具有审美价值的造型艺术，也是最具实用性的造型艺术。工艺美术一般可分为实用工艺美术和工艺美术。实用工艺美术包括衣、食、住、行、用的工艺品类，

以实用价值为主、审美价值为辅（图1-6）。陈设工艺美术是以审美价值为主的供观赏的工艺品（图1-7）。

图1-6 东汉错银铜牛灯

图1-7 元青花缠枝牡丹纹梅瓶

4. 建筑

建筑是指按照美的规律，用砖、石、瓦、木、铁等物质材料，通过空间、形体、比例、均衡、节奏、色彩、装饰等独特的艺术语言构筑的空间造型艺术，具有象征性和形式美，体现出民族性和时代感（图1-8）。从功能性特点分，建筑艺术可分为纪念性建筑、宫殿陵墓建筑、宗教建筑、住宅建筑、园林建筑、生产建筑等类型。

图1-8 故宫太和殿

（三）美术的特征

美术是一种独特的艺术门类，具有以下特征。

1. 造型性与视觉性

造型性是美术最为基本的特征，指艺术家运用一定的物质材料和手段，在空间中构成可视、可触的艺术形象，利用事物的空间特征来表达意义。例如，在绘画艺术中，艺术家们运用线条、色彩、具有立体感的二度形象等表达出具有深刻历史意义或内心

美术的特征

情感的艺术作品。人们通过视觉感受与理解美术作品。

2. 静态性与永固性

莱辛在《拉奥孔》中指出："由于所用的符号或模仿媒介只能在空中配合，所以绘画就必须要完全抛开时间。"美术作品是以静态的形式展现的，艺术家们塑造的艺术形象只能是艺术形象运动过程中的某一瞬间。这就是说，艺术作品是艺术家们在事物运动过程中动与静的交叉点上捕捉的瞬间形象，这一形象动作通过艺术家们智慧的双手永远静止在那一刻。

（四）美术作品的构成

造型、构图、色彩是美术作品的基本构成要素。

1. 造型

造型是美术作品最基本的元素。是指用点、线、面、体块等基本要素表现出的物体外部形象。其中，点是最小的视觉单位，包含各种不同形状、不同大小的点，运用点的组织，产生疏密有致的变化，富有节奏感；线是点运动的痕迹，有粗细、长短、直曲，表现方向和运动感；面是由长度和宽度构成的平面形，包含几何形和自由形两类；体块是由长度、宽度和深度构成的主体形。除此之外，造型要素还包括空间、光与色、质地等。从事美术创作时，作者会根据特定表现目的的需要，选择适合自己个性、兴趣的美术表现形式。根据表现形式的特点，造型可以分为具象造型和抽象造型。

具象造型包含忠实客观地描绘事物的写实造型（图1-9）和运用夸张、变形、重组等手法对物象进行改造的变形造型（图1-10），抽象造型主要通过线、形、色的不同组合表达人的主观感情（图1-11）。

图1-9　《父亲》（罗中立）　　图1-10　《向日葵》（凡·高）

图 1-11　《星空》（胡安·米罗）

2. 构图

构图是指创作者在一定空间范围内，对自己要表现的形象进行组织安排，形成形象的部分与整体之间、形象之间的特定的结构与形式，包括艺术形象的空间位置、空间大小、各部分之间的组合关系、形象与空间的组合、分隔方式以及对称、重复、对比、比例、节奏等形式美法则。比较典型的构图方式有十字构图、L 形构图、S 形构图、对角线构图、三角形构图、放射线构图、圆形构图、U 形构图等。作品《太阳的世界》（图 1-12）中，中间的太阳被 5 个不同色彩、不同造型的太阳紧紧包围，呈圆形构图。

图 1-12　《太阳的世界》

3. 色彩

色彩是美术作品中情感的语言要素，是由物体反射的光通过人的视觉而产生的印象，具有明度、色相和纯度三种最基本的构成要素。创作者会通过冷暖、明暗、浓淡、强弱、虚实等色彩配置方式产生对比与平衡、节奏与韵律，引起欣赏者的生理和心理感应，触动情绪，启发联想，从而获得审美感受。作品《好朋友》（图1-13）中，蓝色的夜空和黑色的树木营造了宁静的黑夜，两只黄色的长颈鹿相视而笑，打破了黑夜的静寂，明暗对比非常强烈，彰显了画面的动静融合。作品《小鸡》（图1-14）中，创作者运用类似色黄色和绿色，使画面很明快，春天的气息扑面而来。

图1-13　《好朋友》

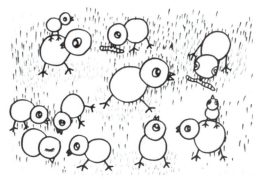

图1-14　《小鸡》

二、学前儿童美术

（一）学前儿童美术的含义

学前儿童美术是指7岁前的儿童从事的美术创作和欣赏活动，是他们借助美术材料与语言来表达自己对周围世界的认识、情感和思想的过程，包括学前儿童绘画、学前儿童手工、学前儿童美术欣赏（具体内容详见本书第三、四、五章）。

学前儿童的身心发展具有特有的年龄特点，正如《3-6岁儿童学习与发展指南》指出的那样："幼儿对事物的感受和理解不同于成人，他们表达自己认识和情感的方式也有别于成人。"因而，学前儿童美术除了具备美术的共性特征外，还具有自身独特的魅力。

（二）学前儿童美术的性质

1. 学前儿童美术是学前儿童把握世界的一种方式

与逻辑有序的理性思维不同，学前儿童的思维具有直觉性、具象符号性和情感性等特点，他们感性地把握世界。学前儿童根据感性经验运用美术工具和材料，不受时空概念的限制，无拘无束地表现与创造。因而，他们的美术作品朴素、稚拙，表现出与成人美术不同的视角和表达方式，充满想象与创造力，富有童心童趣与生命力。

【案例】绘画作品《大鳄鱼》（图1-15）的作者只有2岁3个月，她画的鳄鱼没有表现鳄鱼的外形特征，甚至只有寥寥几笔，令人难以辨认。矮小的她抓握栏杆看鳄鱼时，鳄鱼张大的嘴巴给她留下最具冲击力的印象，她对妈妈解释："鳄鱼，嘴巴大，啊呜……"这幅画便记录了大大的嘴巴、眼睛和满嘴的牙齿，展现的是小女孩的观察视角。

图1-15 《大鳄鱼》

【案例】绘画作品《到太阳上旅行》（图1-16）的作者是大班的一名女孩，她说："太阳离我们很远很远，我得爬高高的树才能到太阳上去，妈妈在下面喊着，让我小心点。"她用树的高比拟了太阳的遥远，表现了她对距离的感性经验和认知。

图1-16 《到太阳上旅行》

2. 学前儿童美术是学前儿童进行情感表达与交流的工具

美术是一种象征性的语言，是人类表达情感和思想的重要工具。相对抽象的文字符号，美术更易受学前儿童理解与喜爱，更容易成为他们记录与交流的方式，他们乐于用美术的方式表现自我、表达思想、宣泄情感。孩子在进行美术创作时，心情愉悦放松，可以自然即兴地流露出心理感受与情感变化，按照自己的感受和想象自由创作，带来满足感和成就感。成人可以通过解读儿童的美术作品，理解他们的生活经验和心理世界。

【案例】在幼儿园绘画活动中，小朋友不愿意动笔创作，静静地坐着发呆。教师看到后，重新给他发了笔和纸，并告诉他可以画自己想画的。于是，作品《郑老师变成母狮子了》（图1-17）产生了。从画面中可以看出，小作者把自己和身边的同伴比作蚂蚁，把老师比作狮子，二者形成强烈的地位悬殊和力量对比，从而表现出内心的沮丧和对老师的畏惧。

图 1-17　《郑老师变成母狮子了》

3. 学前儿童美术是个体发展水平的表现

国内外许多学者对儿童美术能力的发生发展进行研究，发现儿童美术能力的发展是有顺序与阶段连续性的。不分国籍和性别，所有身心正常发展的儿童，其美术能力发展的轨迹相同，反映出他们的感觉、记忆、认知、思维、动作等发展水平。成人可以通过儿童的艺术品看出儿童生理、感觉、认知、思维、情感、社会性、创造力等各方面的发展。

学前儿童美术是学前儿童心理活动的反映，是心理表象的图式化。美国美术教育家罗恩菲尔德将儿童的绘画发展阶段与皮亚杰关于儿童思维发展阶段进行了对比，结果有着惊人的对应性。儿童早期的涂鸦杂乱无章，他们专注于动觉的满足，逐渐地，他们能进行象征性的形象创造，这和他们的思维从感知运动阶段发展到形象思维，感兴趣的对象由动作本身转为具体形象有关。

知识链接

著名的画人测验

1885 年，英国学者库科（Cooke）首先描述了儿童画人的年龄特点。1926 年，美国心理学家古德因纳夫（Goodenough）研究制定画人测验，进行 4～12 岁儿童的智力测试。1963 年哈里斯（Harris）进行全面修订，发表了"古氏-哈氏画人测量"，1968 年考皮茨也编制了画人计分量表，并首次提出了画人测验的 30 项发育指标。研究者认为，儿童在利用铅笔、蜡笔、黏土等艺术媒介进行创作是在进行一种表露性、体验性和游戏性的活动，这个过程比较放松、愉悦，会更容易以视觉的方式呈现他们的"故事"，看着作品投射讲出作品里的故事也比较容易。

画人测验使用人物绘画作为投射的工具，要求儿童在记录纸上画一个全身的人像，时间不限，一般在 10～20 分钟内可完成，主试根据在画面上所表现的细节的详尽程度以及访谈中儿童对于问题的回答，依据标准来测量涂鸦期以后的儿童的智力状况，特别用于检测那些有言语困难和听觉障碍的儿童。

4. 学前儿童美术是学前儿童个性的表现

学前儿童美术作品具有独特的美感和审美价值，表现不同儿童的不同个性特征。我们可以从线条的特性、色彩的喜好、感兴趣的题材、特有的构图布局等观察出孩子的性格、气质、认知水平、兴趣爱好、心理变化、情绪特征等，甚至熟悉他们的成人可以迅速判断出创作者。你会从这两幅大班幼儿作品《我的自画像》（图 1-18、图 1-19）感受到作者的个性差异。图 1-18 的作者阳光活泼，作品中的"我"形象完整，张开手臂，面带笑容，背景丰富；图 1-19 的作者较为消极，他的作品中有若干涂画的黑点，人物形象不完整，凸显出大大的嘴巴和尖尖的牙齿。根据访谈了解，他在幼儿园有较强的攻击性行为。但是需要说明的是，绘画的心理投射反映也需要教师根据具体的客观情况和环境进行全面分析，切不可生搬硬套，随意给学前儿童贴标签。

图 1-18 《我的自画像》

图 1-19 《我的自画像》

第二节 审美教育、艺术教育与学前儿童美术教育

一、审美教育与学前儿童美育

（一）审美教育

审美教育又称美育，是指通过自然美、社会美、艺术美进行的一种教育活动，其目的是培养受教育者对美的形态、结构等的感受、鉴赏、创造能力，培养其正确的审

美观点、高尚的审美情操，使其得到精神上的满足与愉悦，最终达到人格的完善。审美教育包含自然美育、社会美育和艺术美育。

审美教育是一种以情感为主的教育，往往伴随着主体强烈的情感活动，寓教育于美的享受之中，用美的事物、用具体的鲜明的形象作用于人的情感系统，激发人的情感，以美感人，以情动人，使人在潜移默化中受到熏陶。美育的目的在于通过种种审美活动的熏陶和影响提高个体的审美能力，健全其审美心理结构，最终达到人格的完善。

审美教育是培养全面发展人才不可缺少的重要组成部分。美育以完整的人为对象，把培养个体的审美修养作为领域目标，把个体的自由、全面、和谐的发展作为终极目标，而且审美教育渗透于德、智、体、劳各育之中。

链接拓展

为了构建德智体美劳全面培养的教育体系，2020年10月15日，中共中央办公厅、国务院办公厅印发了《关于全面加强和改进新时代学校美育工作的意见》，进一步明确学校美育的目标，凸显美育的机制功能，完善美育的系统设计，拓展美育的实施路径，强化美育的组织保障，强调美育的重要意义，指出："美是纯洁道德、丰富精神的重要源泉。美育是审美教育、情操教育、心灵教育，也是丰富想象力和培养创新意识的教育，能提升审美素养、陶冶情操、温润心灵、激发创新创造活力。"也明确了学校美育的指导思想，明确以德树人为根本，以社会主义核心价值观为引领，以提高学生审美和人文素养为目标，弘扬中华美育精神，以美育人、以美化人、以美培人，把美育纳入学校人才培养的全过程，贯穿学校教育各学段。

《意见》还确定了"坚持正确方向""坚持面向全体""坚持改革创新"的三项原则，确定主要目标为："到2035年基本实现社会主义现代化时，学校美育基本形成全覆盖、多样化、高质量的具有中国特色的现代学校美育系统。"并从不断完善课程和教材体系、全面深化教学改革、着力改善办学条件、切实加强组织保障提出相应措施。

（二）学前儿童美育

《关于全面加强和改进新时代学校美育工作的意见》指出，构建大中小幼相衔接的美育课程体系，明确各级各类学校美育课程目标。其中，学前教育阶段是美育的起始阶段。由于学前儿童的思维具有直觉行动性和具体形象性，抽象思维在开始发展，情感占优势，认识过程具有很大的情绪性，一些鲜明生动的形象和艺术手段符合他们的认识特点，能吸引幼儿的注意和兴趣，容易为他们接受和理解，使教育能收到更好的效果。因而，学前儿童美育成为学前教育的重要组成部分。

1. 学前儿童美育的含义

学前儿童美育是根据学前儿童身心特点，利用美的事物和丰富的审美活动来培养其感受美、表现美的情趣和能力的教育，使其"拥有美好、善良心灵和懂得珍惜美好事物"。艺术教育是学前儿童美育的基本途径，日常生活是学前儿童美育的重要途径，大自然、大社会是学前儿童美育的广阔天地。

2. 学前儿童美育的意义

2016年3月1日起施行的《幼儿园工作规程》明确指出："幼儿园的任务是贯彻国家的教育方针，按照保育与教育相结合的原则，遵循幼儿身心发展特点和规律，实施德、智、体、美等方面全面发展的教育，促进幼儿身心和谐发展。"可以看出，学前儿童美育是全面发展教育的基础，是德育、智育、体育的催化剂，在儿童个体发展中具有不可替代的意义。

（1）通过美育，可以培养学前儿童对美的兴趣和爱好，培养美感和初步的审美能力，学习简单的艺术活动技能，发展艺术创造力。

（2）通过美育，可以扩大和加深学前儿童对周围事物的认识，积极影响他们的思想感情，培养良好的品质和情操，促使活泼愉快的性格的形成。

（3）通过美育，可以开阔视野，增长知识，促进学前儿童智力的发展。

（4）通过美育，学前儿童借助形象化方式认识世界，美工、律动、舞蹈、唱歌、表演以及对文艺作品的欣赏等活动可以促进左右脑平衡发展。

学前儿童美育还具有社会意义，能促进社会的和谐发展。人的高尚的道德情操和道德行为与对美的追求常常是统一在一起的，美育是培养人的精神面貌的总体系中的一部分，美育是建立一个文明、美好的社会不可缺少的部分。对学前儿童实施美育，促进其形成健全的人格，这就为提高全民族的素质打下了基础。因此，学前儿童美育是社会精神文明建设的组成部分。

二、艺术教育与学前儿童艺术教育

（一）艺术教育与美育的关系

艺术教育是审美教育的基本途径，艺术教育就是以音乐、美术、文学为手段和内容，通过艺术美来进行的审美教育，其核心内容是审美教育，两者相互促进、相辅相成。一方面，个体在艺术教育中获得的艺术审美经验会迁移到自然美育和社会美育中，有助于他们对自然美和社会美的形态、结构与特征的感受和识别，提高其审美能力。另一方面，个体在审美教育中获得的审美体验、审美意向，可以帮助他们在艺术教育中获得艺术创作的灵感，并进行有意义的构思，使其创作的作品更加生动、丰富而有个性。

（二）学前儿童艺术教育与美育的关系

《幼儿园教育指导纲要》明确指出："艺术是实施美育的主要途径，应充分发挥艺术的情感教育功能，促进幼儿健全人格的形成。"《3-6 岁儿童学习与发展指南》也提出："幼儿艺术领域学习的关键在于创造条件和机会，在大自然和社会文化生活中萌发幼儿对美的感受和体验，丰富其想象力和创造力，引导幼儿学会用心灵去感受和发现美，用自己的方式去表现和创造美。"可以看出，学前儿童艺术教育是学前儿童美育实现的主要途径，它超越艺术教育的学科价值，关注艺术教育的审美教育性以及对学前儿童全面素质教育的价值。

三、学前儿童美术教育

（一）学前儿童美术教育的定义

学前儿童美术教育是艺术教育中的一种，它是指教育者遵循学前教育的总体要求，根据幼儿身心发展的规律，有目的、有计划地通过美术欣赏和美术表现活动感染学前儿童，并培养他们的审美能力和艺术表现能力，最终促进其人格和谐发展的一种审美教育，包括学前儿童绘画活动、学前儿童手工活动和学前儿童欣赏活动。

（二）学前儿童美术教育的意义

1. 学前儿童美术教育能提高学前儿童的审美能力

美术主要是指绘画、雕塑、工艺、建筑等作用于视觉的艺术，它作为审美对象在于审美意识、审美经验的视觉形态化，无不包含着审美内容。学前儿童美术教育在理解儿童身心发展规律的基础上选择适宜学前儿童的视觉材料，鼓励学前儿童多感官参与，进行观察、欣赏、表现和创造。美的造型、均匀对称的花纹、丰富而协调的色彩、巧妙精美的构图，能激发他们的审美情感，积累丰富的审美经验，培养他们的审美能力。

【案例】在大班绘画教育活动《蒙德里安的世界》中，教师带领幼儿欣赏蒙德里安的格子画《百老汇爵士乐》，观察作品中的线条和红黄蓝色块，并通过欣赏爵士乐启发幼儿联想与想象，通过看一看、说一说、听一听、演一演等方式大胆表达内心的感受。在感知欣赏后，教师引导幼儿大胆尝试画"格子画"，于是产生了图1-20 所示作品。幼儿用斜线分割色块，使画面产生纵深感，主体是幼儿喜欢的猫和狗，用较为密集的色块分割，产生现代感。作品欣赏使幼儿充分体验长短不一的直线与红黄蓝相间的色块营造出的节奏与韵律

图1-20 格子画

美，产生审美愉悦，丰富审美经验，为创作积累丰富鲜明的图式，提高审美感知能力。教师在情感激发的基础上，调动幼儿的审美，通过审美意向的重组改造，借助于美术媒介自由地创造出新的作品，使幼儿获得精神满足和愉悦感。

2. 学前儿童美术教育能促进学前儿童全面发展

（1）学前儿童美术教育是满足学前儿童审美情感需要的情感教育，有利于情感的发展，培养良好个性

自我中心是幼儿期心理发展的重要特点，他们常常不自觉地把自己的情感投射到客体上，使世界万物都变得有生命，比如不小心被泼翻的牛奶会被他们想象成猫怪，下雨被认为是天空哭了……这种移情作用为学前儿童美术教育提供了心理基础。而学前儿童美术教育能满足学前儿童情感沟通与表达的需要，他们用美术表达自己的观点，抒发内心的情感，用美术与别人交流喜悦，获得精神上的满足。而且美术活动中材料工具丰富多样、创作方式开放自由，能充分调动孩子的主动性、积极性和创造性。因而，学前儿童美术教育能促进他们产生积极幸福的情感，积蓄愉快的学习体验，培养学习兴趣，形成活泼开朗的性格，引导其形成和发展良好的个性。

（2）学前儿童美术教育是以培养学前儿童审美创造力为核心的创造教育，利于发展想象力、创造力

创造是有意识地对世界进行主观改造的探索性劳动，创造力是指产生新思想，发现和创造新事物的能力。学前儿童每个阶段都显示出他们与众不同的创造力。在美术创作活动中，学前儿童利用工具材料，对当前感知的形象及大脑中的表象加工、改造，突破条框的限制，创造性地制作出对其个人来说是新颖的、有价值的美术作品，表现出不合常理、不合比例的造型、主观想象的色彩、特殊的空间构图等；在美术欣赏活动中，教师引导其亲身体验，感受审美对象的特征，他们也会展现出丰富的想象力，用独特的方式表达对审美对象的理解。

（3）学前儿童美术教育是培养学前儿童手、眼、脑协调活动的操作教育，能促进身体发育，利于认知发展

美术活动是学前儿童手、眼、脑并用的活动。美术活动需要参与主体用感官去感知审美对象，用脑去理解、想象、加工审美意向，用语言去表达审美感受，用手操作美术工具和材料去表现创造。在学前儿童美术教育中，教师引导学前儿童学习如何观察事物，积累内在图式，如何生成心理意象，如何使用美术工具和材料，如何组织画面等。一方面，能增进感觉器官的发展，提高观察能力，促使他们手部小肌肉群逐渐发育成熟；另一方面，手的操作、空间知觉的训练等能调动右脑的功能，促进右脑的发展，活跃学前儿童的思维，增强手、眼、脑的协调一致。

案例解析

和水痘做斗争

在大班寒假期间，女孩豆丁得了水痘。第二天，她觉得疼痛瘙痒难忍。老师在电话家访的时候建议："豆丁，你觉得水痘是什么样子的？我们要怎么打败它呢？你可以仔细想想，然后画下来，我相信你一定会有很多力量打败它。"于是她画下了《和水痘做斗争》（图1-21）这幅作品。豆丁说："圆圆的是水痘被放大了，里面是病菌，黑色的，软软的，它们手牵手快乐地跳舞，上面的病菌身上长着刺，刺得我很疼，下面的病菌长着软软的脚，挠得我很痒，下面还有个细菌大王，一根刺，一根软脚。红色的人是坚强，绿色的人是勇敢，这条红线表示打败。"这幅画表现作者战胜水痘的信心。作品帮助个体提高内在的自我调节能力，也将转化为自我发展的动力，有效培养其勇敢坚强的个性品质。

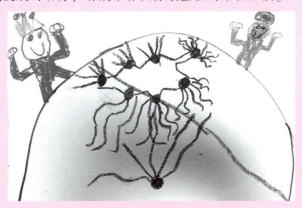

图1-21　《和水痘做斗争》（6岁）

豆丁在《和水痘做斗争》中将水痘画成大大的圆球，占满大幅画面，表现出水痘给她带来的伤害之"大"。她对一群病毒的刻画生动有趣，并将自己的"痛""痒"两种感觉想象成病菌一根刺和一个软脚带来的。不仅如此，她还将勇敢、坚强等抽象的意志品质拟人化为红色、绿色小人。这里没有画出作战的场景，而是用一条红色的斜线表达勇敢、坚强打败水痘病毒的决心。老师用启发式提问激发了女孩的想象力，女孩便运用绘画的视觉语言将自己的感受、经验、想象重新组合、加工，便形成独特的画面，富有生命力和感染力。

第三节　国内外学前儿童美术教育的历史发展

一、国内学前儿童美术教育的历史发展

学前儿童美术教育有着悠久的历史，我们先从我国的学前儿童美术教育来了解。

（一）中国古代学前儿童美术教育

四五十万年以前的原始社会，人们为了抵御洪水猛兽的侵袭，十几个人甚至几十个人集成群体，没有阶级、家庭，子女的教育也由集体承担。原始社会的人们在长期的生活实践中积累了经验，他们教孩子制造劳动工具，教孩子团结互助，告诉孩子不能侵犯氏族公共利益，带领孩子进行集体采集，保证生存。这是原始状态的儿童教育，对儿童进行公养公教。这个时期已有了原始歌舞宗教祭祀活动，并开始了人类最初的艺术教育，儿童在歌舞祭祀中不但学到了一些简单的舞蹈动作，还学到了形象化的生产、生活知识。

到了奴隶社会，原始社会的社会公育被家庭承担学前儿童教育所取代。奴隶社会的艺术教育是为统治阶级服务的，艺术教育有了阶级性，它被视为政治统治、经济剥削和精神奴役的工具，学前教育也仅限于奴隶主贵族家庭中实施。西周时期，我国形成了一套组织完备的学校教育系统，有周公的"制礼作乐"，"礼"是维护统治者的政治准则和道德规范，"乐"是诗、歌、舞等贵族阶级进行的礼仪活动，"礼乐结合"就是进行教育的方式。奴隶社会是我国古代学前儿童美术教育的奠基阶段。

到了春秋末期，孔子提出了礼、乐、射、御、书、数——"六艺"，书，实际上就是专门的美术课。孔子强调礼、乐的美育作用，认为礼能使外在行为得到规范，乐能使内在精神得到修养，君子修身的完成是通过艺术学习达成的。在中国漫长的封建社会中，统治阶级的美术教育奉行的是"德成而上，艺成而下"，意思是若一个人德行高尚，那么他所取得的成就就高；反之，如果一个人有高超技艺，但品格低劣，那么他所取得的成就就会低。美术教育重"艺"而轻"技"。重"艺"的美术教育的学习内容是绘画和书法，它是封建社会上层文人提升道德、陶冶情操的活动，是以精神性为主旨的美术教育；重"技"的美术教育则是指世代相传的工艺，是以实用性为主旨的美术教育，包括画、塑、雕、贴、刻等，有浓厚的技艺特色，教授对象是社会中属于"匠"的一类人，这种以物质性为特色的工艺教育遭受上层统治阶级的鄙视。儒家的"六艺""德成而上，艺成而下"等思想规范指导着封建社会幼儿美术教育的实施，奠定了中国古代美术教育的思想基础，并在封建社会中形成了中国几千年的美育传统。

（二）中国近代学前儿童美术教育

清末至民国时期，受"东学西渐"思想的影响，西方美术思潮大量涌入中国，引起了中国传统艺术的变革，中国学前儿童美术教育突破了封建社会固有的模式，新兴美术教育蓬勃发展起来。1905 年，科举考试被废除，资产阶级新学最终在封建王朝末期取得了合法地位，美术教育就是新学的内容之一。

戊戌变法时期，维新派领导人康有为在《大同书》中指出："妇女有身者入胎教院，儿童出胎者入育婴院……胎教、育婴、蒙养、养病、养老诸院，为各区最高之设备，入者得最高之享乐。"康有为特别重视教育，并第一次提出了在我国实施幼儿教育，认为妇女有孕应入"胎教院"，婴儿应在育婴院，3～6 岁儿童应进慈幼院。康有为提出了很多独到精辟的见解，对幼儿教育的发展有重大进步意义，但是在当时的封建社会，"大同世界"是行不通的。民主教育家蔡元培较早给美育下了定义，并建立了中国历史上第一所国立高等艺术学校——"国立艺术院"（今中国美术学院），他提出了以美育代替宗教的思想，主张学习西方文化，发展个性。蔡元培还提出了幼儿教育体系，主张设立胎教院、乳儿院、幼稚园，以儿童为根本，在美术教育中让儿童个性自由发展。他还设置美术馆，举办全国儿童艺术展览会。

辛亥革命前，各地陆续出现了一批师范学堂，这些师范学堂都设置了图画手工科，这是中国最早的美术教育专业系科。1911 年，周湘创立了中国第一所私立美术学校——上海油画院。按西方模式，类似的西洋绘画专科学校陆续成立，一些有识之士开始探寻和开创我国的幼儿美术教育道路。

陈鹤琴（1892—1982），中国近现代教育家，被誉为"中国现代儿童教育之父"，他是民国时期著名的儿童教育家，创立了中国化幼儿教育和幼儿师范教育的完整体系。他认为，儿童教育应有良好的精神环境、游戏环境、艺术环境、阅读环境等，儿童教育应遵循儿童身心发展的规律。他提倡"活教育"，教育的内容应有健康活动、社会活动、科学活动、艺术活动和文学活动，改变传统教育课程内容固定、教材呆板的弊端。他认为，美术教育活动对于丰富学前儿童教育有重要作用。他还对包括造型游戏在内的儿童游戏理论和实践进行了研究。他以自己的孩子为对象，进行了长达 808 天的观察实验研究，编写了《儿童心理之研究》一书。书中论述了儿童美术心理发展的各个方面和一般程序。并提出"儿童以游戏为生活"的观点，认为影响儿童心理发展的活动是游戏，与儿童心理发展直接相关的器具是玩具，提出了优等玩具的标准和手工制作表现的教学要求，还专门阐述了造型性游戏和手工制作玩具对儿童游戏发展的价值。陈鹤琴曾指出："从前的艺术教育太注重技巧，现在的艺术教育是注重儿童的个性、儿童的天真、儿童的创作。但是艺术的技能，究竟要不要教儿童，这是一个很重大的问题，儿童若是没有相当的技能，断画不出很好的作品。艺术是一定要教的，我们人类所有的经验，是应当利用的，不然让儿童自己去瞎摸，就是摸了一辈子顶多不过像初民时代的作品罢了，但是技能应当什么时候开始教，应当怎么教，这是我们研究教育的应当解答的。"陈鹤琴认为，学前儿童美术教育应以培养儿童的创造力和性格个性为主，美术技能是次要的。陈鹤琴还创办了中国第一所幼儿园——鼓楼幼儿园，他一生都从事于一系列开创性的幼儿教育研究与实践，对我国学前儿童美术教育的发展有着举足轻重的作用。

中国另一位学前教育家张雪门（1891—1973），与陈鹤琴共称为"南陈北张"。他译著了《福禄贝尔母亲游戏辑要》《蒙台梭利及其教育》，并著有《幼稚园行政》《儿童保育》《幼稚教育》《幼稚园行为课程》等，还主办了北平香山慈幼院幼稚园，对丰富我国幼儿教育理论与实践做出了重大贡献。

陶行知（1891—1946），我国伟大的教育家、思想家。他一生都非常重视美术教育，曾指出"应当用科学的办法去征服自然，用美术的概念去改造社会"，"做一桩事情，画一幅图画，写一张字，能自慰和慰人就叫作美"。他把美术作为生活教育的纲领之一。他还提出"真善美合一"，倡导创造真善美的人格，把追求真善美作为教育的灵魂，其中的"美"即是人们对客观事物的内心感受，有了"美"的心境，人生才会圆满。1927年，陶行知主办了中国第一所乡村幼儿园——燕子矶幼儿园，该园的宗旨是建设中国的、省钱的、平民的幼儿园，使幼儿艺术教育活动平民化、大众化、普遍化。

郑锦（1883—1959），擅画工笔画，13岁时，随姐姐东渡日本，在日本留学18年，是我国近代绘画史上著名的艺术教育家和画家。1907年，郑锦以优异的成绩考入日本美术最高学府——日本绘画专门学院。1918年，郑锦被任命为中国第一所国立美术学校——"国立北平美术专门学校"第一任校长。

黄翼（1903—1944），我国著名的心理学家，毕业于清华大学，后赴美国斯坦福大学、耶鲁大学学习，并获得心理学博士学位。他曾重复皮亚杰的斜面落体实验，把儿童分为五个发展阶段：第一阶段，以直觉因素为特点，无运算性的理解；第二阶段，对应运算开始形成，但还没有系统化；第三阶段，能运用系统的对应运算，了解坡度与距离的补偿关系；第四阶段，对坡度与距离之间的互补关系的认识达于必然性；第五阶段，能运用"隔离变量"的试验手段，并能把坡度与距离的互补性协调为一个决定因素——高度。黄翼认为，教育必须适合儿童遗传的可能和限制，帮助儿童选择职业时，必须注意他的特殊才能和缺陷。他曾在《儿童绘画之心理》一书中，将儿童绘画发展分为涂鸦期、过渡期、定型期和写实期四个时期。

（三）中国当代学前儿童美术教育

20世纪四五十年代，苏联著名教育家凯洛夫的教育思想传入我国，他所编写的《教育学》一书对我国幼儿艺术教育产生过很大的影响。他把教育的任务归纳为"六育"：体育、智育、综合技术教育、德育、劳动教育和美育。凯洛夫的教育思想强调了美术教育对儿童全面发展的作用。但当时中国受"左"思想的影响，幼儿美术教育仅限于苏联的经验，对西方其他流派全盘否定，致使教学模式单一，学前儿童美术教育处于停滞、倒退阶段。

改革开放之后，我国积极引进了西方教育新思想，幼儿美术教育恢复正常教学，美术教育的发展从恢复阶段步入了提高教学质量、适应新形势的发展阶段。随着知识经验的积累，幼儿美术教育越来越注重幼儿创造性、独立性、智力、想象力等方面的培养，也越来越关注幼儿小中大班在绘画发展中的差异，认为儿童绘画的关键期在4岁左右，也就是幼儿中班时期，这一时期是儿童抽象思维形成的萌芽阶段，是儿童绘画发展不可逾越的阶段。

二、国外学前儿童美术教育的历史发展

在了解了国内学前儿童美术教育的基础上，作为美术教育者还要积极地了解国外学前儿童美术教育的历史发展，以更好地发展我国学前儿童美术教育。

（一）西方早期学前儿童美术教育

西方的儿童美术教育也是从奴隶社会开始的。在古希腊、古罗马时期，就规定了学前儿童教育的内容不仅要有哲学、科学、道德、体育，更要有音乐、美术教育。西方早期的美术教育学说有苏格拉底的"美在效用"、柏拉图的"美在理念"、亚里士多德的"美在整一"等。亚里士多德曾全面地总结了审美教育的功能：教育、净化和精神享受。古代西方人认为，一个人只有身心和谐发展才能成为良好的公民，美术可以帮助幼儿陶冶情操、提高认识、振奋精神、浸润心灵，帮助个人发展身体美与心灵美，使性格变得"高尚、优美"。在雅典教育制度中，儿童7岁之前在家中由保姆负责教育，到7岁时，便送进文法学校和音乐学校学习，文法学校的教学内容为阅读、书法、算术和图画，尚未熟悉字母轮廓的儿童，便依照教师所写的描画。雅典人追求多才多艺，全面发展，但不追求精益求精，特别反对以专门的技能作为谋生之道。雅典人的图画教学也不是传授谋生的技艺，而是旨在促进儿童身心全面、和谐发展。以上说明，西方早期的儿童教育中包含着美术教育的内容，是一种德智体美的全面教育。

（二）西方近代学前儿童美术教育

到了西方近代，人们越来越认识到美术教育的重要性，儿童美育思想逐渐成熟起来，涌现出众多重视美术教育的大教育家，如夸美纽斯、席勒、赫尔巴特、裴斯泰洛齐、福禄贝尔等，对学前儿童美术教育有了科学的认识，建立起了美学学科体系。

捷克教育家夸美纽斯被称为教育史上的"哥白尼"，他在《大教学论》中论述了艺术教育，为在学校中实施美术教育做了铺垫。美术教育在夸美纽斯的整个教育系统中占据了重要的地位。他认为美术对儿童有较强的吸引力，能够引起儿童的学习兴趣。他推崇美术在教育中的作用，强调美育对人的发展的意义、美育手段在教育工作中的特殊作用。他把美术教育思想渗透和融合在教育学的每个重要组成部分，主张从道德、知识、身体、艺术等各个方面去发展儿童。他说："一切儿童都有一种要画图画的天生欲望，这种练习就可以给他们快乐，他们的想象就可以从这种感觉的双重动作得到激

发。"夸美纽斯还编写了著名的儿童启蒙读物《世界图解》，这是一本附有插图的儿童百科全书，它和文字对应相配，引人入胜，使儿童在获得知识的同时，得到了美的陶冶。在论及艺术教学法时，夸美纽斯站在教育是"艺术中的艺术"这样的高度，提出"从雕刻中去学雕刻，从画图中去学画图""必须从实践中去学习"，从理论和实践两个方面进行学前儿童美术教育。

德国古典美学家席勒在写给丹麦王子克里斯谦公爵的 27 封信中提出美术教育已经不限于教育的角度，而应同社会改造、改革联系起来。这 27 封信后经整理结集为《美育书简》，这是西方的"第一部美育宣言书"，它扩大了审美教育研究的领域，把审美教育作为一门理论加以研究，并真正提出了"美育"这一概念，这对促进社会重视幼儿美术学习也有一定的作用。

法国启蒙思想家卢梭认为，顺应自然的教育必然也是自由的教育，他声称"大自然希望儿童在成人以前就要像儿童的样子""真正自由的人只想他能够得到的东西，只做他喜欢做的事情，我就是我的第一基本原理"。他在《爱弥儿》一书中提出了对不同年龄阶段的儿童进行教育的原则、内容和方法。他将儿童教育划分为两个阶段：2 岁以前是第一阶段，主要进行体育教育，使儿童自然发展；2 ~ 12 岁是第二阶段，这个年龄阶段儿童的智力还处在睡眠状态，所以主张这一时期教育的主要任务是发展儿童的感官，感官的发展也是对儿童进行智育的前提。美术教育能训练儿童观察的敏锐性和触觉的真实性。

德国教育家赫尔巴特承袭了自然主义教育传统，并通过实践工作，首次提出了"欲使教育心理学化"的主张，将幼儿教育立足于对儿童心性的分析，在心理学的基础上建立起了教学理论，奠定了科学教育学的基础。他认为，艺术是人的本能，是人心理的需求、内心的渴望，要培养全面发展的人，就应培养儿童各方面的能力，根据儿童的兴趣开设文学、唱歌、图画等学科，让儿童学会欣赏艺术，掌握各方面的能力。

文艺复兴之后，欧洲的各类新式学校开始将美术纳入课程体系。到了 19、20 世纪，美术同体育、劳作等一起进入学校教育，建立起了完整的现代学科教育体系，美国、德国、法国、英国等一些西方国家普遍开设了图画课。

裴斯泰洛齐是瑞士著名的民主主义教育家。他受法国启蒙思潮的影响，强调儿童的教育课程应以儿童喜欢的活动为主，其中包括了与美术有关的绘画、写作、绘制地图、制作模型、采集标本等内容。他是最早主张建立民主平等教育制度的教育家，并认为社会各阶级的儿童，包括贫民的儿童都应能受到包括绘画和音乐在内的教育。裴斯泰洛齐将教育分为德育、体育和智育，并指出智育应注重儿童感觉能力和观察能力的培养。他经常带领孩子到山川溪流中，让儿童接触自然，观察自然的变化，让他们自己去注意、去画、去创造。

霍德华·加德纳是世界著名的教育心理学家，被誉为"多元智能理论"之父。他认为多元智能理论是个体身上相对独立存在着的、与特定的认知领域和知识领域相联系的八种智能：语言—语言智能、音乐—节奏智能、逻辑—数理智能、视觉—空间智能、身体—动觉智能、自知—自省智能、交往—交流智能和自然—观察智能。其中视觉—空间智能指的是感受、辨别、记忆和改变物体的空间关系并借此表达思想和感情的能力，表现为对线条、形状、结构、色彩和空间关系的敏感以及通过平面图形和立体造型将它们表现出来的能力。

福禄贝尔——现代学前教育的鼻祖，创办了第一所称为"幼儿园"的学前教育机构。他把艺术教育纳入幼儿的教育活动之中，认为游戏和手工作业应是幼儿时期最主要的活动，是儿童内在的本能，尤其是活动本能，因而对儿童的教育不应加以束缚、压制，也不应揠苗助长，而应顺应儿童本性，满足其本能的需要。他设置了学前教育内容，包括：发展外部感觉、数学、自然、语言、绘画、唱歌、泥塑等。福禄贝尔的教育思想与实践理论对世界各国幼儿教育的发展起到深远的影响。19世纪末，在美国形成了福禄贝尔主义，影响遍及世界各国。

（三）西方当代学前儿童美术教育

随着文明的进步与经济的发展，美术教育在西方逐渐成熟起来，人们越来越认识到学前儿童美术教育的重要性。在如今的西方，包括学前儿童美术教育在内的教育改革与发展已经被提到重要的地位。

奥地利美术教育家弗兰兹·西泽克是一位儿童美术教育的先驱，被誉为"儿童绘画之父"。在人类历史发展的漫长岁月里，人们并没有把儿童画当成艺术看待，认为儿童画只不过是孩子们随意的涂抹而已，弗兰兹·西泽克却"发现了儿童绘画"，并给予了儿童绘画崇高的地位。西泽克主张自然主义的儿童观，他曾说："我祈求学校成为如同百花怒放的神国花园。教师要用心做一个飞翔于学生身上看不见的精灵与之交往，致力于经常勉励儿童，而绝不可以控制或强制他们。"他认为对儿童进行美术教育不能直接去教儿童怎么画，而应让儿童自己去注意、去画，去表达自身感受。他的儿童美术教育思想对世界范围的美术教育革新产生过积极的影响。

英国艺术批评家赫伯特·里德认为，艺术教育是培养儿童身心发展的有效工具，主张通过艺术教育使儿童思想感情和人格健全发展。他认为艺术有助于儿童各感觉器官的综合运用、身心的平衡发展，艺术应该成为教育的基础。教师应按照儿童的类型进行指导，以发展儿童的个性。

美国当代著名的美术教育家罗恩菲尔德主张通过儿童的艺术创作发展其个性和创造性，认为儿童美术是他们心智成长的反映，艺术教育的任务是使儿童获得其他学科所不能提供的创造力、心智的成长和健康的发展。他认为美术技巧不应是教师教授出来，而应是儿童自然发展出来的，教师不应干涉幼儿美术技巧的发展，而应尽量给儿童提供自我表现的机会，以此促进儿童个人心灵和情感的成长，树立儿童自我表现的信心。

本节对国内外学前儿童美术教育的发展历史进行了简要的阐述。我国的学前儿童美术教育历史悠久，并在西方学前儿童美术教育的影响下不断进步，艺术教育获得了新的生机。但如何进一步在当今社会环境下促进学前儿童美术教育的发展，如何发展创新型美术教师，如何更好地安排幼儿美术活动以满足幼儿发展的需求，如何吸收外来幼儿美术教育经验，如何创造中国独特的学前儿童美术教育体系，将成为当前幼儿美术教育面临的重要课题。

 活动案例

大班美术活动 "有趣的面具"①

活动目标：

1. 锻炼幼儿的想象力和创造力。

2. 让幼儿大胆运用绘画工具材料进行面具装饰。

3. 让幼儿感受装饰面具带来的乐趣，增加幼儿对美术的兴趣。

活动准备：

未装饰的白色面具、调好色的水粉颜料、马克笔、水彩笔、胶水。

活动过程：

（一）故事导入，引起幼儿兴趣

1. 师：森林里的大象叔叔要举行化装晚会，小朋友们想不想去看一看？

2. 教师拿出未装饰的面具。

3. 师：咦，为什么这些面具上都没有颜色？白色面具的化装晚会好不好看？

4. 师：大象叔叔希望小朋友们帮忙把面具都涂上颜色，小朋友们愿不愿意？

（二）幼儿观察不同形状的面具，讨论装饰面具的方法

1. 师：老师手上有兔子形状的面具、猫咪形状的面具、小鸟形状的面具……这些面具要怎样涂颜色呢？

2. 幼儿讨论，兔子有白色、灰色、黑色，猫咪有黄色、白色、黑色、黑白相间等，小鸟的颜色也有许多种。

3. 教师总结。

（三）认识绘画材料

1. 师：我们平常涂颜色都用油画棒，那我们今天来认识一位新的颜色朋友——水粉颜料。

2. 了解水粉颜料的特性，提醒幼儿注意安全，不要把颜料弄到眼睛、嘴巴里面。

---

①本案例由广东省河源市毕加索创意画室宁培芳提供。

（四）幼儿装饰面具

1. 让幼儿选择自己喜欢的面具进行装饰。

2. 教师提出装饰面具的要求。

图1-22　《面具》

（毕加索创意画室大班 黄语诗）

图1-23　《面具》

（毕加索创意画室大班 邓薇）

（五）幼儿戴上装饰好的面具，进行游戏

1. 师：面具都已经装饰好了，现在让我们戴上面具，来参加化装晚会吧！

2. 游戏：猜猜他是谁？

（六）作品拓展

师：小朋友装饰的面具都非常漂亮，一起来说一说你为什么这么装饰吧！

活动分析：

教师运用故事情境——"森林里的化装晚会"导入了此次绘画教学活动，引起了幼儿对装饰面具的好奇心，展示白色面具时充分激发了幼儿的兴趣，再通过认识材料、动手装饰面具、进行游戏等活动，充分培养了幼儿的观察力、想象力、动手能力及语言表达能力。

大班美术手工活动"快乐刮画"①

活动目标：

1. 了解刮画的特点，掌握刮画工具的使用方法。

2. 通过欣赏、讨论、探索研究及教师的讲解、示范，学会运用竹笔在刮画纸上进行绘制。

3. 激发幼儿对绘画创作的兴趣，感受刮画的乐趣。

———————————

①本案例由广东省河源市毕加索创意画室宁培芳提供。

4. 训练幼儿的手指灵活度，提高幼儿手、眼、脑的协调性。

5. 通过刮画创作，让幼儿感受绘画的成就感和幸福感，提高美术活动的兴趣，培养创新思维。

活动准备：

1. 刮画纸、竹笔、铅笔。

2. 多媒体设备、PPT课件。

活动过程：

（一）导入活动

1. 出示刮画纸。

师：小朋友们，你们看看，这张纸有什么特别之处吗？

幼儿讨论：黑色的，笔画不出颜色。

2. 教师在课件中展示刮画作品，幼儿欣赏。

3. 师生讨论。

教师提问：这么漂亮的作品是怎样画出来的？

幼儿回答：刮出来的。

4. 引入课题。

师：今天我们要学习用刮的方法把这张黑色的纸变成五颜六色的画。

揭示课题——《快乐刮画》。

（二）讲授新课

1. 教师在PPT中展示一张马的图片，并让幼儿观察马的形状，讨论马的特点。

2. 教师出示一张用刮画方式表现的马，并让幼儿观察这张刮画纸上的马与生活中的马有什么不同。

3. 幼儿讨论。

4. 教师小结：生活中的马和刮画纸上的马都是一样的形状，不同之处在于，生活中的马身上只有一种颜色，而刮画纸上的马却是五颜六色的。

（三）教师讲解和示范

1. 师：怎样运用刮画纸画马呢？

幼儿讨论。

2. 教师出示一张刮画纸，拿出竹笔，并请四位小朋友用竹笔尖的那头在纸上随意刮，看看纸上会产生什么样的肌理效果？

3. 教师示范并讲解刮画纸和运用刮画工具的注意事项：力度不能过猛也不能进行反复修改，否则会戳穿纸张。

4. 教师小结：在刮画纸上根据马的外形自由运笔，再与点、线、面相结合，会使画面产生千变万化的肌理效果。

5．作画步骤：

（1）用铅笔勾画出马的基本外形。

（2）在细节的部分可以用竹笔刮画出外形或者更细的线条及图案。

（3）可以用竹笔不尖的那头刮出块面，将背景色凸显出来，让线条与块面形成对比。

（四）幼儿练习，教师巡回指导

1．师：小朋友们，你们想不想尝试一下刮画的神奇效果？

2．教师提出要求：

（1）根据 PPT 中展示的马的形状，用铅笔勾画出其基本轮廓（图 1-24）。

（2）注意点、线、面的处理方法。

（3）力度不能过大。

图 1-24　《刮画》（毕加索创意画室大班 梁林成）

3．幼儿动手练习，教师巡回指导。

（五）作品评比

1．幼儿自评（图 1-25、图 1-26）。在自评环节里幼儿将会对自己的作品做自我评价，应试着引导幼儿说出自己作品的优点、缺点及需要改进的地方，培养幼儿的反思性学习能力及语言表达能力。

2．幼儿互评。幼儿之间相互观察、评价，让幼儿养成相互学习、相互促进的好习惯。

3．教师点评。教师在幼儿自评、互评的基础上对幼儿的作品再加以点评。教师评价的时候一定要把握好尺度，并以肯定、鼓励为主，切记不能挫伤了幼儿美术活动的积极性。

图 1-25　《刮画》　　　　　　　　　图 1-26　《刮画》
（毕加索创意画室大班 吴依姗）　　　（毕加索创意画室大班 余文婕）

活动分析：

　　教师根据学前儿童的心理特点，设计了这节以刮画为主的美术游戏活动。刮画纸绚丽色彩的特点引起了学前儿童学习美术的强烈兴趣，让学前儿童学会了运用不同材质表现美术，提高了学前儿童的绘画水平，树立了学前儿童美术创作的信心。活动过程突出了以幼儿为主体，教师引导幼儿学习的特点。在作品评比环节，让学前儿童自评、互评作品，能很好地培养学前儿童自主学习的能力和反思性学习能力。

 思考练习

一、选择题

　　1. 美术教育与其他艺术教育有很大差别，其本质差别是（　　）。【2016年福建幼儿教师编制考试真题】

　　A. 时间艺术　　　B. 听觉艺术　　　C. 视觉艺术　　　D. 表演艺术

　　2. 下列表述中，错误的一项是（　　）。【2016年安徽安庆教师编制考试真题】

　　A. 学前儿童美术教育是一种情感教育

　　B. 学前儿童美术教育是一种创造教育

　　C. 学前儿童美术教育是一种知识和技能教育

　　D. 学前儿童美术教育是一种手、眼、脑协调的操作教育

　　3. 幼儿美术教育活动在内容上包括三个既相对独立又相互联系的领域，即绘画、手工和（　　）。

A. 涂鸦　　　　　B. 临摹　　　　　C. 欣赏　　　　　D. 模仿

4. 一个儿童欣赏完齐白石画的虾后，对老师说："看到这幅画，我好像看见了真的虾，会动、会跳。"这主要是幼儿的（　　）在起作用。

A. 美的感受力　　B. 美的表现力　　C. 美的创造力　　D. 审美兴趣

5. 罗恩菲尔德认为，评价幼儿的美术作品首先应从（　　）来进行。【2017年山东莱州幼儿教师招聘考试真题】

A. 发展阶段　　B. 儿童成长角度　　C. 技巧　　D. 作品组织

6. "幼儿艺术活动的能力是在大胆表现的过程中逐渐发展起来的，教师的作用应主要在于激发幼儿感受美、表现美的情趣，丰富他们的（　　），使之体验自由表达和创造的快乐。"【2014年山东莱州幼儿教师招聘考试真题】

A. 认识水平　　B. 情感体验　　C. 创造思维　　D. 审美经验

二、判断题

1. 美术包含绘画、雕塑、工艺美术、建筑艺术等。（　　）【2016年安徽亳州幼儿教师编制考试真题】

2. 幼儿园艺术活动是实施美育的主要途径。（　　）【2016年安徽安庆太湖幼儿教师招聘考试真题】

3. 幼儿的艺术能力是在标准化的艺术技能训练中形成的。（　　）

4. 幼儿美育就是对幼儿进行艺术教育。（　　）

三、简答题

简述幼儿园美育的意义。【2018年下半年幼儿教师资格考试真题】

四、材料分析

1. 2020年10月16日，教育部新闻发布会上指出，将艺术类科目纳入中考改革试点，纳入高中阶段学校考试招生录取计分科目，依据课程标准确定考试内容。消息一出，很多家长非常焦虑，认为音乐、美术应试化了，这增加了孩子的学业负担，急需要报画画班、钢琴班等恶补艺术技能。

家长的观点正确吗？请结合美育的相关理论对家长的观点进行分析。

2. 在一次美术活动中，阳阳画了一个黑色的苹果，老师走过来看到后生气地说："你这是画的什么？苹果有黑色的吗？重新画！"

请就此回答以下问题：

（1）你认为这位老师的做法妥当吗？为什么？

（2）假如你是这位老师，你会如何应对儿童的这一行为？

（3）幼儿园美育的途径有哪些？

实训任务

理解学前儿童美术的性质

【任务描述】

到幼儿园观察一名幼儿的美术行为，并结合学前儿童美术的性质进行分析。

【任务单】

任务工作单　记录幼儿的美术行为

组号：_____　　姓名：_____　　学号：_____　　检索号：__1-1__

姓名		年龄	
时间		地点	
美术行为记录			
美术行为分析			

第二章
学前儿童美术教育的目标、内容与方法

【案例引导】

在幼儿教师资格证面试中，小苏同学选择绘画《机器人本领大》这一面试考题，题目要求组织5~6岁幼儿开展绘画活动，发挥幼儿想象，绘画各种机器人。小苏的设计如下：出示自绘的机器人"厉害先生"图片，导入活动——幼儿观察讨论"厉害先生"的外形特征——教师介绍机器人"厉害先生"的功能——幼儿自主创作机器人——分享评价作品《机器人本领大》。

对于这份活动设计，你会怎么看？小苏的活动设计是否能有效激发幼儿想象，从而创作出各不相同的机器人呢？如果是你，你会选用什么有效的方法激发幼儿的想象与创造呢？我们一起通过本章的学习，来寻找问题的答案吧！

【学习目标】

知识目标：

1. 理解学前儿童美术教育的总目标与年龄目标。

2. 理解并掌握选择学前儿童美术教育内容的原则。

3. 理解并掌握学前儿童美术教育活动的方法。

能力目标：

1. 学会撰写具体的学前儿童美术教育活动目标。

2. 能分析学前儿童美术教育活动中运用的具体方法，并进行评价。

思政目标：

1. 建立"整体观"，将学前儿童美术教育内容的选择、方法的使用与目标的制定协同一致。

2. 坚持儿童立场，心中有儿童。

【思维导图】

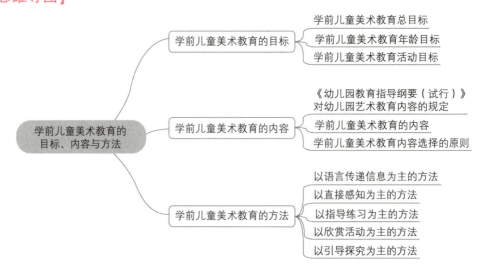

第一节　学前儿童美术教育的目标

学前儿童美术教育目标包括学前儿童美术教育总目标、年龄目标和活动目标，总目标是学前儿童美术教育其他层次目标的依据和基础，概括性最高，教育活动目标最为具体，可操作性最强。

一、学前儿童美术教育总目标

2001 年 7 月，教育部颁布了《幼儿园教育指导纲要（试行）》（以下简称《纲要》）。《纲要》对学前儿童教育的艺术领域提出了总体要求：

（1）能初步感受并喜爱环境、生活和艺术中的美。

（2）喜欢参加艺术活动，并能大胆地表现自己的情感和体验。

（3）能用自己喜欢的方式进行艺术表现活动。

2012 年 9 月，教育部颁布的《3-6 岁儿童学习与发展指南》（以下简称《指南》）将艺术领域分为"感受与欣赏"和"表现与创造"两个方面，包含"喜欢自然界与生活环境中美的事物""喜欢欣赏多种多样的艺术形式和作品""喜欢进行艺术活动并大胆表现""具有初步的艺术表现与创造力"。

可以看出，学前儿童艺术教育体现审美教育的性质，体现审美感知、审美情感、审美创造等基本能力，也注重学前儿童的情感和体验以及艺术对于学前儿童全面和谐发展的重要价值，彰显"幼儿为本"的价值取向。在《纲要》和《指南》的指导下，结合学前儿童美术能力发展的规律、社会文化对学前儿童美术教育的要求以及美术学科的特点，将学前儿童美术教育总目标概括为：

（1）初步感知和喜爱周围环境、生活和美术作品中的形式美和内容美，增强对美的感受力。

（2）喜欢参加美术活动，并能自由表达自己的情感和体验，丰富审美情感。

（3）能用多种工具和材料的操作以及运用造型、色彩、构图等艺术语言进行艺术表现活动，发展审美表现与创造力。

二、学前儿童美术教育年龄目标

学前儿童美术教育的年龄目标是对总目标的细化与分解，这里为3～6岁学前儿童制定3～4岁、4～5岁、5～6岁的绘画、手工和美术欣赏的年龄目标。

表2-1　学前儿童美术教育的年龄目标

目标分类	小班（3～4岁）	中班（4～5岁）	大班（5～6岁）
绘画教育目标	（1）乐意参与绘画活动，体验活动带来的快乐，对绘画感兴趣，能大胆愉快地作画。 （2）认识绘画工具与材料，比如：勾线笔、水彩笔、油画棒、蜡笔、水粉画笔等。掌握绘画工具和材料的基本使用方法，养成正确的绘画姿态和握笔方法。 （3）学会辨别和感受线条（如直线、曲线、折线、弹簧线等）的变化。能画出直线、曲线、折线、弹簧线，并能表现线条的方向、粗细、疏密。学会运用方形、圆形、三角形等简单图形，并能表现物体的轮廓特征。	（1）在小班的基础上进一步学习多种绘画类型，如蜡笔、水粉画、油画棒等，体验绘画的快乐。 （2）学习用各种线条表现事物的基本结构和主要特征。 （3）认识常见的固有色并说出它们的名称，学会选择与物体相似的颜色，初步有目的地设色及配色。 （4）在教师的引导下能围绕主题安排画面空间，画面上能表现出物体的上下、左右的位置关系。	（1）学习使用多种绘画工具和材料，运用不同的绘画工具和材料表现不同效果的作品。 （2）较完整地表现熟悉的或想象中的物体的动态结构和简单情节。 （3）能运用对比色、相似色、同种色等多种配色方法，注意色彩的整体感，初步学习根据画面的需要，恰当地使用颜色表现自己的情感。 （4）初步表现画面物体的前后、远近等简单的空间关系及主题与背景的关系。

目标分类	小班（3~4岁）	中班（4~5岁）	大班（5~6岁）
绘画教育目标	（4）初步辨别红、黄、蓝、绿、红、橙等基本颜色，并能说出名称。 （5）学习区分并尝试画出主题色和背景色，乐于使用颜色。 （6）初步学会运用简单线条和图形组合创造各种图形。	（5）能较为准确地把握在规则的纸（长方形、正方形）和生活用品上用简单的花纹（如小圆点、树叶、动物等）进行装饰，并能用对比色涂出鲜艳美丽的画面。 （6）能掌握形状的基本结构，理解形状符号的象征意义。	（5）能综合运用各种几何图形（如圆形、三角形、梯形等）和生活用品图形，尝试用轮廓线创造出多种图画，形成属于自己的图式。
手工教育目标	1. 乐意参加手工活动，体验手工活动的乐趣，养成安全、卫生、整洁的手工活动的习惯。 （2）初步学会使用双面胶、胶水等，并学会用自然材料（如种子、纸屑、树叶等）拼贴造型。 （3）学习撕、拼、折、粘贴、印制面状材料。 （4）体验泥的可塑性，掌握泥工中团圆、搓长、压扁分泥等基本技能。	（1）进一步熟悉泥工、纸工、自制玩具的各种工具和材料，喜欢各种手工活动。 （2）学习使用比小班更丰富、更复杂的点状材料（如米粒、光碟、鸡蛋壳等）拼贴出简单的物象。 （3）在小班折纸的基础上，学习用集中一角折、双正方形折、双三角形折等技能，折出简单物象。 （4）能正确使用剪刀剪出三角形、圆形、长方形及组合形体并拼贴成画。 （5）掌握撕纸的基本功能，撕出简单轮廓和形象。 （6）用渍染和点染结合的技能，折叠纸张后进行染纸。 （7）学会用泥塑造出物体的主要特征和基本形状。 （8）引导学前儿童初步学习用其他点状、线状、面状和块状的自然物及废旧的材料制作造型简单的物品。	（1）较熟练地选择和使用手工工具和材料，创造性地进行手工操作活动，表达自己的手工意愿。 （2）收集各种常见的自然材料和废旧材料，进行手工操作活动。 （3）学习捆拉的方法，并综合运用其他泥工技能，塑造结构较复杂的平面和立体形象，能表现物体的主要特点和细节；尝试表现立体造型。 （4）综合运用折纸技能，折出较为复杂的形象或折出物体的各个部分，组合成整体形象。 （5）在中班染纸的基础上，综合运用各种折叠、染纸的技能进行染纸。 （6）学习用目测的方法将纸等面状材料分块剪、折叠剪来制作平面或立体的物象。 （7）综合运用各种工具、材料和技法制作玩具、礼品、服饰、道具等布置环境，并注意装饰美。

续表

目标分类	小班（3~4岁）	中班（4~5岁）	大班（5~6岁）
美术欣赏教育目标	（1）乐意参加美术欣赏活动，体验美术欣赏活动的快乐，养成集中注意力欣赏的习惯。 （2）知道从自然景物、艺术作品中感受视觉艺术的美。 （3）喜欢观看、欣赏艺术作品，对绘本、美术作品中的各种形象艺术感兴趣。 （4）通过欣赏老师及同年龄阶段幼儿的作品，培养对美术作品的欣赏兴趣。 （5）初步运用动作、表情来表达自己欣赏作品的感受。	（1）初步欣赏并感受作品中的造型美、色彩的变化、构图的均衡与对称美。 （2）欣赏并初步理解作品形象和主题的意义，知道美术作品能反映生活和人的思想情感。 （3）欣赏美术作品以及日常生活中的玩具、生活物品、节日装饰等，产生与作品相一致的感受，培养学前儿童的审美能力。 （4）通过欣赏对作品做出简单的评价，说出自己喜爱和不喜爱的理由，体验分享的快乐。	（1）欣赏绘画、建筑、工艺美术等艺术作品，培养他们初步发现周围自然环境和美术作品中的美。 （2）了解作品简单的背景知识，进一步感受和理解作品的形象和主题意义，以及作品是如何反映现实生活和思想情感的。 （3）欣赏并感受作品中的造型美，色彩的色调以及情感表现性，构图的均衡、对称、和谐美；学会欣赏各种不同风格的美术作品。 （4）积极主动地参与美术欣赏活动，在欣赏与评价他人作品时，主动地、大胆地表达自己独特的感受和联想。

三、学前儿童美术教育活动目标

　　学前儿童美术教育活动的目标是指导学前儿童美术活动时设计与实施过程的关键准则。制订学前儿童美术教育活动目标的基本依据是确保学前儿童美术的各项目标能在学前儿童美术教育中获得体现。教师在制订美术教育活动目标时应注意以下几点。

学前儿童美术教育活动目标

（一）制定目标要着眼于学前儿童的发展

　　美术活动目标的制定应着眼于学前儿童的发展，把学前儿童原有的水平与新活动提出的发展目标联系起来，使活动目标既能适应学前儿童已有的发展水平，又能促进学前儿童发展水平有所提高。因而，制定目标前需要充分了解本班幼儿的实际情况和水平、已有知识与经验，制定适宜的目标。

【案例】 大班综合手工活动《美丽的菊花》的活动目标为：

1. 认知目标：欣赏观察菊花的外形特征，感知菊花细长卷曲的花瓣。
2. 能力目标：尝试运用剪、卷、贴的方式围绕中心圆点制作菊花。
3. 情感目标：感知菊花的形态美，体验手工活动的乐趣。

活动中，教师出示一盆菊花，引导幼儿观察菊花的外形特征，并展示多张菊花图片，对比观察菊花的共同特征与不同之处，引导幼儿通过剪、卷、贴的方式围绕中心圆点制作菊花。本班幼儿在活动中毫不费力，很顺利地完成单层花瓣的菊花作品。可见，目标"尝试运用剪、卷、贴的方式围绕中心圆点制作菊花"对于本班幼儿来说较简单，可以将目标调整为："运用剪、卷、贴的方式制作菊花，尝试用不同长短的长条表现多层花瓣。"也可以增加构图要求，引导幼儿"合作制作出菊花园，表现菊花错落有致的遮挡关系"。

（二）制定目标的角度统一，尽量以幼儿为主体表述目标

活动目标制定的角度统一是指一个活动中目标内容都从教师角度或者幼儿角度出发。例如，大班线描课活动"面条"的活动目标为：引导幼儿观察碗与面条的基本结构，运用所学的线条、图案来装饰碗；引导幼儿选择自己喜欢的图案进行装饰，培养幼儿对线条的感受和运用能力（图2-1、图2-2）。该活动目标是统一从教师角度来表达的。比如，大班手工活动"灯笼"的活动目标为：感受剪纸作品的夸张变形造型，了解剪纸是中国独特的民间艺术；学会用折、叠、剪的方法来表现灯笼（图2-3）。该活动目标是统一从学前儿童角度来表述的。在学前儿童美术教育活动目标制定时，尽量以幼儿为主体表达目标。

图2-1 《面条》（蓓蕾幼儿园大一班 魏倜涛）

图2-2 《面条》（蓓蕾幼儿园大一班 肖雯兮）

图2-3　《灯笼》（蓓蕾幼儿园大一班 冯馨冉）

（三）制定目标要具有可操作性

美术教育活动目标是最具体、最直接和最具有操作性的目标，能直观表达出活动中幼儿学习、探索的具体知识和技能等，对活动的具体实施起到引领作用。

【案例】小班手工活动《小刺猬》的活动目标如下：

1．认知目标：通过观察，认识小刺猬的外形特征。

2．能力目标：尝试画出小刺猬，表现小刺猬的外形特征。

3．情感目标：体验帮助小刺猬的快乐，萌发关心帮助他人的意识。

可以看出能力目标较含糊，不具体，没有说明用什么画，怎么画，缺乏美术操作的具体内容。可以修改为："尝试用海绵棒压印小刺猬的身体，用棉签画短直线的方法表现小刺猬身上的刺，能控制短线的位置和方向。"

（四）制定目标要具有系统性

美术活动目标的系统性具体体现在两个方面。一是活动目标应当包含认知目标、情感目标、能力目标。在进行具体的美术活动时，要系统、综合地体现以上三个目标，既不能强化某一个目标，也不能忽视其他目标。认知目标主要反映幼儿对美术基础知识、技能的掌握，以及美术能力的发展；情感目标主要是指幼儿在情感、态度、积极个性、社会性方面的发展；能力目标主要反映的是幼儿的学习技能、策略的获得以及学习能力的培养；创造目标主要是指幼儿的创造性、想象力，以及能综合运用各种材料和工具的能力。二是具体活动目标在方向上应与总目标、年龄阶段目标等达成一致。具体活动目标是从上一级目标中逐步分化出来的。因此，教师在制订具体的美术活动目标时，要根据幼儿的年龄特点，由浅入深、循序渐进地提出目标，体现目标的层次性。

【案例】大班美术活动《美丽的花瓶》的活动目标如下：

1. 认知目标：知道美术材料与工具用完归位，保持桌面整洁。

2. 能力目标：欣赏各种花瓶，大胆设计独特的花瓶。

3. 情感目标：体验美术创作的快乐。

该活动虽然从认知、能力、情感三方面表述了活动目标，但各目标相互孤立，未形成整体，三方面目标均挖掘得不够具体深入。可将目标修改为：

图 2-4　美丽的花瓶

1. 认知目标：欣赏各种花瓶，了解花瓶的结构特点。

2. 能力目标：大胆想象，尝试设计不同造型的花瓶，并用各种各样的线条与形状装饰花瓶。

3. 情感目标：感受花瓶的工艺美，体验线描画创作的快乐。

第二节　学前儿童美术教育的内容

一、《幼儿园教育指导纲要（试行）》对幼儿园艺术教育内容的规定

2001 年 7 月，教育部颁发的《幼儿园教育指导纲要（试行）》明确规定了幼儿园艺术教育的内容与要求。

（1）引导幼儿接触周围环境和生活中美好的人、事、物，丰富他们的感性经验和审美情感，激发他们表现美、创造美的情趣。

（2）在艺术活动中面向全体幼儿，要针对他们的不同特点和需要，让每个幼儿都得到美的熏陶和培养。对有艺术天赋的幼儿要注意发展他们的艺术潜能。

（3）提供自由表现的机会，鼓励幼儿用不同的艺术形式大胆地表达自己的情感、理解和想象，尊重每个幼儿的想法和创造，肯定和接纳他们独特的审美感受和表现方式，分享他们创造的快乐。

（4）在支持、鼓励幼儿积极参加各种艺术活动并大胆表现的同时，帮助他们提高表现的技能和能力。

（5）指导幼儿利用身边的物品或废旧材料制作玩具、工艺品等来美化自己的生活或开展其他活动。

（6）为幼儿创设展示自己作品的条件，引导儿童相互交流、相互欣赏、共同提高。

从上述《纲要》规定的幼儿园艺术教育的内容与要求可以看出，学前儿童教育必须要开阔学前儿童的视野，激发学前儿童的创造力、想象力，培养学前儿童的动手操

作能力。

二、学前儿童美术教育的内容

学前儿童美术教育的内容是实现教育目标的载体，是美术教育目标能否达成的关键。学前儿童美术教育的内容涉及绘画、手工和欣赏，它们是相互联系但又各自独立的三个领域。这三种美术活动既各具特色又相互交叉。

学前儿童美术绘画教育

（一）学前儿童绘画教育内容

绘画教育活动是教师引导幼儿使用画笔、纸等绘画工具和材料，运用线条、形状、色彩、构图等艺术形式语言创造出可视的、有空间感的艺术形象，培养幼儿的审美创造能力的教育活动。学前儿童绘画教育的内容主要包括以下三个方面。

1. 认识绘画工具和材料并学会使用

（1）学前儿童使用的绘画工具和材料的名称及性质，常见的绘画工具与材料有油画棒、水粉颜料、水彩笔、铅笔等。这些材料具有不同的性质，例如，水粉、水彩颜料有水性，油画棒有油性等。

（2）各种绘画工具和材料的正确使用方法。从不同的工具和材料看，学前儿童可以学习多种形式的绘画，如水彩笔画、蜡笔画、水粉画、吹画、喷洒画等。

2. 绘画的形式语言

绘画的形式语言是指线条、形状、色彩、构图等美术要素，是绘画的表现手段。

（1）线条。线条是造型的基本要素之一。在绘画中，线条能表现物象、表达个人情感。线条的形态有直线、折线等。线条的方向有线条的长度、方向、质感等变化。

（2）形状。形状包括规则形、自由形、规则形与自由形相结合的形状。形状是由线条构成的结构和轮廓，同样也是造型的基本要素之一。

①规则形：如长方形、正方形、梯形、三角形、平行四边形等都是由直线构成，简单明确，也被称为规则几何形状。

②自由形：如波浪线、曲线、折线、弧线等自由线组成的形状被称为自由形状。这种形状常见于大自然中的梯田、山川、河流、沙滩、树枝等。

③规则形与自由形相结合的形状：如水滴形、圆形、椭圆形、月牙形等，基本上是由曲线、弧线构成的形状。这种形状常见于自然界中的海星、海螺壳、果仁等，人造的车轮、扇子、皮球等，它们都是自由形与规则形相结合的形状。

（3）色彩。色彩是绘画的基本要素之一，具有象征性、装饰性和表现性三个特点。色彩的象征性是人们在长时间的生活中，对于色彩赋予特殊的情感和象征意味，甚至是一种特殊符号。例如：红色代表吉祥、喜庆、热烈、奔放、激情等，白色代表清纯、纯洁、神圣，黑色代表严肃、夜晚、稳重，黄色代表温和、光明、快乐，绿色代表青春、和平、庄重，等等。色彩的装饰性是指在画面上各种色彩的位置、面积及形状之间的协调。在美术教育中，学前儿童对于色彩的学习，是从初步的辨认到熟练运用的过程。色彩能表达人内心最真实的情感。学前儿童对色彩的学习主要包括以下两个方面。

①色彩的辨认。色彩的色相是指色彩的相貌、种类和名称，也是色彩呈现出来的面貌。学前儿童要学会辨认三原色——红、黄、蓝，三间色——橙、绿、紫，常见的复色——蓝灰、绿灰、红灰等，无色彩——黑、白、灰。色度包含色彩的明度和纯度。色彩的明度是指色彩的明暗程度。学前儿童要辨认出黄、白等明度高，黑、紫等明度低。色彩的纯度是指色彩的鲜艳度。纯度越高色彩越鲜艳，在鲜艳的色彩中加白、加黑、加灰，纯度就变低了。

②色彩的运用。学前儿童运用认识的颜色来表现物象，通过颜色的对比、重复等变化来丰富画面，表达自己的情感。学前儿童在学习色彩运用方面的主要经验是按照物体选择颜色，通过颜色的变化来处理画面上的色彩，以及依靠色彩来表达情感。

（4）构图。构图是绘画的语言要素之一。绘画时要根据主题和材料的要求，把表现的形象适当地组织起来，建构成一个和谐完整的画面，从而表达作品的主题思想和美感效果。学前儿童对构图的学习主要包括以下三个方面。

①单独构图。单独构图是指画面上只有单个形象。学前儿童要掌握把单个形象大胆、清楚地画在画面的中心位置等。

②并列构图。并列构图是指画面上并列安排若干个形象。学前儿童要学习和谐地在画面上呈现主要形象与次要形象。

③不对称的均衡构图。不对称的均衡构图是指均衡地安排、布置画面。学前儿童对于不对称的均衡构图的理解还是比较困难的。大班时期，学前儿童可以在欣赏不对称的均衡构图作品的基础上学习不对称的均衡构图等。

3. 良好的绘画习惯

培养学前儿童集中注意力完成作品、用完的工具材料及时归位、保持桌面整洁等良好的绘画习惯。

（二）学前儿童手工教育内容

手工教育活动是教师引导学前儿童直接用双手或者通过操作简单工具，运用撕、折、剪、贴等对可变性较强的物质材料进行创作，制作出立体或平面的物体形象的一种教育活动。学前儿童手工教育的内容主要包括以下三个方面。

1. 手工工具和材料的使用方法

（1）手工工具：学前儿童的手工活动是比较简单的操作活动。因此，使用的工具也较为简单，如笔、固体胶、泥工板、剪刀等。

（2）手工材料：学前儿童手工活动的材料可以分为点状材料、面状材料、线状材料和块状材料。

①点状材料。点状材料可以运用串联、粘贴、镶嵌等方法制作成平面和立体的作品。用于学前儿童手工活动的点状材料有很多种类，如沙子、小石子、小珠子、大米、红豆、玉米粒、弹珠等。

②面状材料。面状材料可以运用剪、卷、撕、折、粘贴等方法来制作成平面和立体的作品。面状材料主要有纸张、布料、杯子、塑料片、水桶等。

③线状材料。线状材料可以运用拼贴、编织、插接、盘绕等方式来制作成平面和立体的作品。线状材料主要有牙签、毛线、秸秆、橡皮筋、吸管、柳条、绳子等。

④块状材料。块状材料可以运用雕刻、塑造、组合、串联的方法来制作成立体的作品。块状材料主要有球体、瓶子等，还有水果、石头、纸杯、蔬菜等。

2. 手工的基本制作技法

学前儿童学习的手工基本制作技法有剪、折、粘贴、撕、串联、染、编织、盘绕、插接、塑等。

（1）剪。剪分为目测剪、沿轮廓剪和折叠剪三种类型。目测剪是儿童凭借目测在没有任何痕迹的面状材料上剪或者撕出所需形象的方法。沿轮廓剪是指事先画好图形后，再依照轮廓剪下来。折叠剪是指将纸经折叠后剪出所需形象的方法。

（2）折。折是指用面状材料折叠成物象。主要有对边折、对角折、集中一角折、四角向中心折、双正方形折、菱形折和组合折等多种类型。

（3）粘贴。粘贴是把现成的纸形或者几何图形或者自然物贴在纸的适当位置上，表现物体形象的造型活动。粘贴可以是在剪好轮廓的面状材料的反面涂上胶水或者糨糊，再贴在底板或者画纸上；也可以是在底板或画上的轮廓内先涂上胶水或糨糊，再撒上点状材料，制作成有浮雕感的画面。

（4）撕。撕有目测撕、沿轮廓撕和折叠撕三种类型，基本方法同剪。

（5）串联。串联是将点状、块状、面状材料用线状材料和工具从中穿过，连接成串。

（6）染。染是指用宣纸等吸水性强的纸进行折叠后，再用颜料涂染，并用涂染后的纸裁切拼贴形成图画。染有渍染和点染两种方法。渍染是指将折好的纸插入染料中让纸自动吸收颜色。点染是指用笔蘸上深浅不同的色彩在画面上连点带染。

（7）编织。编织是指用线状材料互相交错或勾连起来编织成平面或立体物象。

（8）盘绕。盘绕是指将线状材料按照一定的顺序缠绕成平面图像或立体物象。

（9）插接。插接是指将制作材料本身做成凹凸相当的切合口，使之连接成型，或是使用牙签、细铁丝等辅助材料插入所需连接的部分。

（10）塑。塑是指用泥、面团等有可塑性的块状材料通过手的活动塑造各种立体物象，是幼儿园常见的立体造型活动。其基本形体有长方体、圆柱体、球体、圆锥体等。基本技能有分泥、团圆、搓长、压扁、拉抻、连接等。

3. 良好的手工活动习惯

养成保持干净、整洁、有序的手工活动的习惯。

（三）学前儿童美术欣赏教育内容

学前儿童美术欣赏教育活动是教师引导学前儿童对艺术作品、自然景物、周围环境中美好事物的认识和欣赏，丰富学前儿童的美感经验，培养学前儿童集中注意力和欣赏的习惯。学前儿童美术欣赏教育的内容主要包括以下两个方面。

1. 美术欣赏的对象与类型

（1）艺术作品

①绘画作品。根据创作时使用的工具材料不同，绘画作品可分为油画、水墨画、水粉画、水彩画、版画等；根据绘画作品的题材内容不同，绘画作品可分为人物画、风景画、静物画、动物画等；根据绘画作品的存在形式不同，绘画作品可分为年画、农民画、连环画、插图、宣传画等。

②雕塑作品。雕塑又称雕刻，是雕、刻、塑三种创制方法的总称，指的是用各种可塑材料（如膏、树枝等）或者可雕、可刻的硬质材料（如石头、玉块、金属、木材、铜等），创作出具有一定空间的可视、可触的艺术形象，借此来反映社会生活，表达艺术家的审美感受、审美情感、审美理想的艺术。

③工艺美术作品。工艺美术作品也称为工艺品，是以美术技巧制成的各种与实用性相结合并具有欣赏价值的物品。从实用性与陈设性看，工艺美术作品可分为日用工艺品和陈设工艺品，如服饰、玉器、茶具以及地毯、首饰、印染工艺等；从民间艺术性看，工艺美术作品可分为陶瓷、布艺、木艺、刺绣、皮影、铜艺、蜡染等。欣赏工艺美术作品时要注意与学前儿童的生活及兴趣相结合。

④建筑艺术。建筑从使用角度上可分为住宅建筑、纪念性建筑、宗教建筑、桥梁建筑、文化建筑、园林建筑等，从使用的建筑材料上可分为木结构建筑、砖石建筑、钢木建筑等，从时代风格上可分为古希腊式、哥特式、古典主义式等。

⑤儿童美术作品。欣赏作品时应注意选取那些同龄儿童的、画面丰富、充满童趣的、有内容的作品。

（2）自然景物

日常生活中可供幼儿欣赏的自然景物有很多，如花草、动物、山川、河流、星空、冰雪、晨露、晚霞、沙滩等。

（3）周围环境

学前儿童欣赏的周围环境大致有室外环境和室内环境两大类。前者如广场、园林、公园等，后者如居室、幼儿园教室等。

2. 美术欣赏知识与技能

（1）作品的背景知识。例如，艺术家的生平、创作风格、作品创作的背景等。

（2）艺术作品的形式分析。例如，造型、构图、色彩等方面。

（3）运用各种"语言"表达自己对欣赏对象的感知理解、联想想象和表达。例如，口头语言、形体语言、美术语言等。

（4）培养集中注意力观察中欣赏和大胆表达、认真倾听理解的良好习惯。

三、学前儿童美术教育内容选择的原则

学前儿童美术教育的内容是实现教育目标的载体，是美术教育目标能否达成的关键。学前儿童美术教育的内容涉及绘画、手工和欣赏，它们是相互联系但又各自独立的三个领域。学前儿童美术教育应当遵循以下三大原则。

学前儿童美术教育
应当遵循的原则

（一）生活性

艺术来源于生活，学前儿童美术活动的内容来源于他们的生活。阿恩海姆曾经认为："在发育的初级阶段，心灵的主要特征就是对感性经验的全部依赖。对于那些幼小的心灵来说，事物就是他们看到的、听到的、接触到的或闻到的那个样子。"他认为，学前儿童的思维问题的解决和概括，绝大部分都是在知觉水平上进行的。

因此，只有那些被学前儿童直接感知过的美术教育内容，才能被同化到自己的审美心理结构中去。所以，教师在选择学前儿童美术活动内容时，应从学前儿童的直接经验入手，结合他们感知过的或体验过的具有积极情感的现实生活，选择学前儿童熟悉的、感兴趣的内容。这些内容幼儿会很愉快地接受。例如：冬天到了，整个大地披上了银装，一层层厚厚的大雪，就像巨大的、轻柔的羊毛毯子，覆盖住了整个大地。小朋友在堆雪人，打雪仗……冬天多么美丽！于是，教师在冬天来临时，可以选择描绘冬天的美术内容，带领孩子去大自然中看看、摸摸、堆堆雪人等，感知冬季的到来，从而通过美术创作活动，激发儿童热爱大自然、感受大自然的美好情感。

（二）整合性

整合性原则是指教师所选择的美术教育内容应与美术教育这一领域不同方面以及其他领域的内容之间产生有机的联系。一方面是指把美术各个领域的内容（如绘画、手工、美术欣赏等）以合理的方式有机地整合。例如：绘画活动"美味的拉面馆"，教师可以先让幼儿画出碗和拉面的特征，以点、线、面的形式对图案加以装饰，然后再用超轻黏土制作出荷包蛋、蔬菜、火腿等，最后把荷包蛋、蔬菜等粘贴在拉面上（图2-5）。在这个活动中，教师把绘画和手工有机地结合起来。另一方面是指把不同领域的内容通过一个有主题的美术活动加以适当的整合。学前儿童美术活动的内容通常可以选择社会、科学、健康、语言等各个领域的活动内容。例如：在科学领域中我们理解了毛毛虫的成长过程，美术活动内容可以选择毛毛虫作为素材，让幼儿描绘成图画的形式。又如：中班语言活动"小老鼠上灯台"（小老鼠上灯台，偷油吃下不来……），美术活动内容

可以选择画小老鼠的一家。这种整合可以帮助学前儿童建立起各种学习内容之间的内在联系，巩固对周围事物的认知和理解，增加学前儿童对绘画活动的学习兴趣，帮助学前儿童积累学习经验。

图 2-5 《美味的面条》（蓓蕾幼儿园大一班 谭嘉涵）

（三）系统性

在选择学前儿童美术教育内容时要系统化，有了系统化的内容有助于儿童心智结构的创建。内容系统化是指：内容的安排要有次序，由易到难、由简单到繁杂，逐步深化。例如：幼儿在学习构图时顺序应该是最初能大胆构图画出单独的形象；接着能表现物体之间的关系，在构图中能安排主体物和次体物；最后围绕主体，均衡地安排画面形象。又如：幼儿在学习造型时最初用线条和基本形状组合成简单的图形；接着通过各种几何图形组合来表现物体的主要特征与结构；最后是表现物体的细节和动态，使所画的形象更加生动、具体。幼儿在色彩的学习中应从最初认识颜色，在认识颜色的基础上，学会使用基本色来表达画面；接着选择自己喜爱的颜色来表现；然后是能够运用最接近物体相似的颜色来表达；最后能注意画面的色彩装饰与搭配。所以说，学前儿童美术教育领域系统化的内容，是根据学前儿童美术心理发展的逻辑，而不是美术学科本身的知识体系。

第三节 学前儿童美术教育的方法

学前儿童美术教育的方法是教师和儿童为了完成美术教学目标，在教学实践中采用师生相互作用的一系列教学方法的总称。教学方法对实现美术教育活动目标有着至关重要的作用，方法使用得是否恰当，直接影响到美术教育活动的效果。对于美术教学方法的分类，学者们从不同的角度出发，提出了不同的看法。根据有关研究者对教学方法的分类，以及学前儿童美术教学的特点，我们把学前儿童美术教学的方法分为以下五大类：以语言传递信息为主的方法、以直接感知为主的方法、以指导练习为主的方法、以欣赏活动为主的方法、以引导探究为主的方法。由于在活动过程中的某一阶段只是以某种方法为主，因此从分类的角度将其称为以某类为主的教学方法。教师可以根据具体的活动内容，灵活运用各类教学方法。

一、以语言传递信息为主的方法

学前儿童美术教育活动中，以语言传递信息为主的方法主要是指教师通过语言向幼儿传递信息和指导幼儿学习美术的教学方法。在学前儿童美术教学活动中，语言是教师与幼儿之间情感、信息交流的主要媒介，以语言传递信息为主的方法是幼儿园美术教育中必须采取的教学方法。以语言传递信息为主的方法主要有讲授法、讨论法和对话法。

以语言传递信息为
主的教学方法

（一）讲授法

讲授法是教师通过语言描述、解释和说明，向学前儿童传递信息，从而使幼儿获得相关的美术知识和技能的一种教学方法，可以用于介绍美术工具与材料、作品背景知识、制作方法与过程、评价美术作品等。教学时，也可与其他教学方法有机结合起来使用。

讲述是教师向学前儿童描述学习的对象。例如：在写生水果时，教师可以描述写生对象的主要特点；在欣赏凡·高的作品《星月夜》（图2-6）时，教师可以以讲故事的方式向幼儿介绍画家创作此画的背景。比如，《星月夜》是荷兰后印象派画家凡·高于1889年在精神病院创作的一幅油画作品，是凡·高的代表作之一。在这幅画中，凡·高用夸张的手法生动地描绘出充满变化和运动的星空。整个画面似乎被一股动荡、汹涌的蓝绿色激流所吞噬。旋转、躁动、卷曲的星云使夜空变得活跃起来，脱离现实的景象反映出凡·高躁动不安的情感和疯狂的幻觉世界。

图2-6　《星月夜》（凡·高）

运用讲授法时应该注意以下三点。

（1）讲授内容要具有科学性、艺术性和教育性

由于学前儿童的分析能力较差，他们接受知识的特点是先入为主，因此教师对相关美术原理、概念等的解释要准确。讲授时要使用文明用语，授教内容要有益于学前儿童身心健康的发展。同时，教师要运用艺术性的语言激发幼儿进行美术活动的兴趣。例如，教师可结合文学作品、儿歌、谜语等教授学前儿童绘画，启发学前儿童的形象思维，激发他们创作的欲望。

（2）讲授时要语言简练、准确、通俗，符合幼儿的年龄特点

讲授时，教师可以适当重述教学的重点和难点，以便让学前儿童加深记忆。生动有趣的语言能吸引幼儿的注意力，富有感情的表达会使幼儿犹如身临其境。教师在讲授时，应条理清晰，通俗易懂，声音洪亮，并用适当的神态、手势、站立等体态辅助讲解，以使幼儿聆听效果最佳。

（3）讲授时要遵循启发性原则

讲授的主要特点是教师运用口头语言作为传递信息的媒介，主要通过教师讲、幼儿听的方式向幼儿传递信息。进行教学时，教师易于控制自己所讲的内容，但学前儿童却处于被动接受状态，容易产生疲倦感，影响学习效果。因此，教师要注重情感的表达，讲究语言艺术，善于运用富有感情和生动的语言来启发幼儿的积极思维。

（二）讨论法

讨论法是教师指导幼儿以全班或者小组的形式，围绕教学内容的某个问题进行讨论，从而获得知识的一种教学方法。讨论法能充分调动学前儿童参与美术活动的积极性，为幼儿提出问题、自己得出结论提供机会。讨论的过程不仅能够让幼儿表达自己最真实的想法，提高辨别的能力，获得对知识的认识，还可以锻炼他们的艺术想象力和分散性思维能力。由于小班年龄段的幼儿生活经验较为贫乏，语言表达不够顺畅，概括及分析能力较弱，还不能进行语言为中介的抽象逻辑性思维，因此讨论法比较适合中大班学前儿童使用。

另外，讨论不能沦为形式，只是提个问题让幼儿随便说说。幼儿应该具备讨论问题的知识经验，在讨论结束时，教师应对讨论的情况进行小结，概括幼儿讨论的内容。

教师实施讨论法时应注意以下三点。

（1）做好讨论准备

对于活动中要讨论的问题，教师事先要有准备，问题的提出要有吸引力，能引发幼儿的思考。教师要让幼儿明确讨论的问题是什么，并搜集有关的材料，做好讨论的准备。

（2）启发、引导学前儿童进行讨论

幼儿的讨论必须有教师的指导。教师要创设相对宽松的心理环境，鼓励幼儿各抒己见，允许发表不同的见解，对不同的想法开展讨论。教师应该相信幼儿能够通过讨论解决问题，并在适当的时候给幼儿提供信息，帮助幼儿找出正在探讨的问题与他们已知事物之间的联系。

（3）及时对讨论结果进行小结

在讨论结束后，教师要概括学前儿童讨论的内容，及时进行小结。由于美术学科的特殊性，讨论结果未必都有一致的答案，可能是开放的、多元的或者不确定的。

（三）对话法

对话法是指教师、学前儿童和作品之间相互交流、相互作用的一种教学方法。谈话过程中，师幼关系应该是平等的。教师不能强迫学前儿童接受某一权威的结论或者是自己对作品的看法，而应当尊重幼儿的理解和体验。对话法不仅能提高和培养学前儿童运用已有的知识和经验获得新知识、解决新问题的能力，而且能提高他们的语言表达能力和注意力，培养他们进行独立思考。

对话法往往是在教师提问和幼儿回答的过程中展开的，因而，教师运用对话法时的基本要求有以下两点。

（1）教师在提问前要有计划性，要注意克服提问的随意性

教师所提问题要明确、清楚、具体、有启发性，符合学前儿童的理解能力，围绕活动内容和目标，引起学前儿童的思考。因此，教师应根据画的内容，多提开放性的问题，少提封闭式性问题，如"是不是？""对不对？""好看不好看？"等。例如：在欣赏挪威画家蒙克的作品《呐喊》（图2-7）时，教师可以设计："你们在画中看到了什么？""你能猜出人物在哪个地点吗？""画面上除了人以外，还有什么？"等问题，来启发幼儿边观察边思考，并发表自己与众不同的想法，以提高学前儿童评价、分析作品的能力。教师应鼓励幼儿大胆提问。对于教师回答不了的问题，教师让其他幼儿回答的同时也要去寻找答案并给予回答。

图2-7　《呐喊》（蒙克）

《呐喊》是表现主义绘画的代表作品。该画作的主体是在血红色映衬下一个极其痛苦的表情。在当时画家蒙克的眼中，奥斯陆峡湾充满着发抖的、血红的幻觉，让人感到恐惧。在画作中，蒙克所用的颜色虽然与自然颜色的真实性是一致的，但表现方式上却极为夸张，作品里线条扭曲，与桥的挺直形成鲜明对比，蒙克将画面中沉闷、焦虑并且孤独的情感，表现到了一种极致。

（2）教师应注意提问的艺术性

教师的提问要符合幼儿的理解力，问题应简单明确，同时要给幼儿一定的思考时间，多提一些启发性、引导性的问题，并发表与众不同的看法。教师要注重幼儿的回答，并对幼儿的回答给予一定的反馈。

二、以直接感知为主的方法

美术的特点是直观形象性，即主要依靠视觉来进行感知。美术活动中，教师常利用实物、图片、多媒体等资料进行演示，并组织幼儿进行观察，使幼儿充分调动感官进行直接感知，即以直接感知为主的方法，是幼儿园美术教学活动中经常采用的最能体现美术学科特点的教学方法。以直接感知为主的方法主要包括观察法和演示法两种。

（一）观察法

学前儿童的美术创作和美术欣赏离不开观察。观察法是指启发幼儿观察物体的形状、结构、颜色以及事物间的空间位置、相互关系，从而在头脑中形成鲜明的表象，获得感性认识的一种教学方法。观察法可以是对生活中真实事物的直接观察，也可以是对视频、幻灯片、图片等事物进行的间接观察。运用观察法时，由于观察对象直观鲜明，不仅能激发学前儿童学习的兴趣，还有利于培养他们的形象思维能力和观察力。

1. 直接观察

直接观察是教师为了使学前儿童获得对周围生活的丰富印象，借助对事物的直接接触来观察事物的方法。直接观察认识和挖掘事物，打破学前儿童的概念画法。例如：组织幼儿到博物馆、名胜古迹、美术馆等文化艺术场所参观欣赏，组织幼儿到商场、超市、邮局等公共场所参观，引导幼儿观察四季树叶的变化，在大街上观察各种交通工具和行人，等等。直接观察可以使幼儿发现和了解更多的事物，培养他们喜欢探究的精神。

2. 间接观察

间接观察是指对于因受到条件限制而无法直接接触到的事物进行观察。我们常常借助书中的图片或者挂图等让幼儿观察物体。由于学前儿童有着极强的模仿能力，图片或示范画的图示往往容易成为他们临摹的对象。因此，教师应根据教材的难易程度及儿童对于教材的熟悉程度，恰当地运用图片式的观察方法。

运用观察法时要注意以下三点要求。

（1）观察的目的要明确

教学过程中教师引导幼儿观察的目的性要明确。学前儿童由于知识、经验欠缺，认识能力和概括能力有限，在观察中往往凭兴趣出发，注意力不稳定、不持久，观察也不全面。因此，教师在指导幼儿观察时，要事先让幼儿了解观察内容，并且组织和帮助他们进行有计划、有目的的观察。

（2）教师应选择适合学前儿童观察的对象

教师应根据学前儿童不同年龄阶段的特点，选择一些形象生动、色彩鲜明、能让幼儿感兴趣的观察对象。教师可以利用游戏的方法引起幼儿的兴趣，用富有感染力的情绪和语言去吸引幼儿，并帮助他们观察物体的主要结构、色彩和特征等。

（3）组织学前儿童观察的方法可以是丰富多样的

教师应根据观察的目的、学前儿童的年龄特点与实际情况灵活运用各种观察方法。有时可以先讲解后观察，有时可以先观察后讲解，有时可以边观察边讲解。对于生活中一些不易观察到的事物，教师可以通过图片、多媒体等方式来展示。

（二）演示法

演示法是指教师在传递信息的过程中，向学前儿童展示直观教具，示范绘画、制作等过程，帮助幼儿获得对事物现象的感性认识的一种教学方法。

按演示的准备情况，演示可以分为有准备的演示和随机演示两种。有准备的演示是指在活动开始之前，教师已经根据活动的内容准备好 PPT、范画、图片等资料，在活动过程中有目的、有计划地进行展示、讲解和演示。随机演示是指在活动开展的过程中，教师可以根据内容的需要，在幼儿展示作品时或者制作过程中讲解、演示，以启发幼儿；或是发现幼儿在绘画创作过程中出现共同性的问题产生即兴的想法，马上示范、演示出来，使幼儿存在的问题得到解决。

按照演示的步骤，演示可分为整体演示、分段演示和分步演示三种。整体演示是指教师完整连续地向学前儿童示范如何表现物体形象。分段演示是指教师将所有表现的物体形象的过程分成若干段进行演示。分步演示是指教师将所有表现的物体形象的过程分成若干步骤进行演示。

要根据教学内容的难易程度、幼儿对教学内容的熟悉程度灵活运用演示法。教师在运用演示法时要注意以下三点。

（1）演示的准备工作要充分

演示用的教具应在教学活动前准备好，摆在便于使用的位置上。教学录像、幻灯片、多媒体资料等在活动前要试放，教学活动前要准备齐全并安排好展示的顺序，避免临时翻找。

（2）演示要和讲解有机地结合起来，并启发学前儿童进行思考

运用演示法能够帮助幼儿更直观地认识与把握物象的基本特征，使他们思考与表现物象的整体形象。教师把演示的内容、观察、讲解有机地结合起来更容易使幼儿理解或接受。在演示过程中，教师应一边讲解提问一边演示，这样幼儿理解快、效果好、

印象深。讲解的语言应通俗易懂、简洁生动，能为幼儿所理解和接受。

（3）演示的时机要选择恰当

教师选择演示的时机，要注意既不影响学前儿童的自主创造和探索，又能给他们重点和难点解决起到支架作用。

三、以指导练习为主的方法

以指导练习为主的教学方法是指学前儿童在教师的指导下进行绘画、制作等实践，从而熟悉和掌握各种美术技能、技巧、知识的教学方法。

学前儿童常常带着极大的兴趣投入到美术教学活动中来。教师可以根据幼儿的这一特点，利用轻松自然的美术活动，让幼儿在"看看""想想""玩玩""画画"中进行各种练习，以达到熟练美术技能和知识的目的。

（一）练习法的分类

练习法主要是以幼儿动手操作为主，因此可以分为技能练习、模仿练习和创作练习三种。

（1）技能练习

技能练习是利用简单工具表现技能的练习。例如，运笔、用剪、涂色、折叠、剪贴、捏泥、团泥等。

（2）模仿练习

模仿练习是根据范例或者教师的演示进行的练习。例如，学前儿童根据教师折纸的示范步骤进行折纸的练习，这就是一种模仿练习。

（3）创作练习

创作练习是指让学前儿童对已有的表象、材料进行加工、改造、制作，独立构思并加以表现。创作练习的目的是加深学前儿童对美术的理解能力并提升他们的美术表现能力等。

另外，从操作的步骤上，分为整体练习、分段练习、分步练习等；从练习的人数上，分为个人练习、分组练习、全班练习等。

在美术教学活动中，教师可以根据具体要求和学前儿童的实际情况，灵活运用各种练习方法。适当地运用多样化的练习方式，不仅有助于培养学前儿童的兴趣，集中学习的注意力，而且还有助于培养学前儿童在具体操作中灵活运用美术知识和技能的能力。

（二）运用练习法时要注意的问题

（1）以指导练习为主，教师占主导地位

教师要明确活动的重难点以及解决问题的指导方法，这样有助于教师在发现问题时给予幼儿有效的帮助。另外，在练习中教师要巡回指导，及时发现个别幼儿的特殊问题，进行个别、有针对性的指导。

（2）练习方法的多样化

单纯的技能练习不能引起幼儿的兴趣。可以通过变换材料、主题等对同一技能进行练习；也可多采用生动有趣的游戏和竞赛等方式。教师要提高练习的趣味性，将练习与游戏、竞赛等方式结合起来，激发学前儿童练习的欲望，从而使幼儿达到熟练掌握技能的目的。

（3）鼓励幼儿富有创造性地练习

在练习过程中，教师不能一味地追求和模仿，不能把练习当成简单的机械式训练，而应在练习过程中融入创作的要求，使幼儿发挥他们的主动性和创造性，给幼儿一定的自由空间，让他们根据自己的想象自由表达。

四、以欣赏活动为主的方法

以欣赏活动为主的教学方法，是指学前儿童通过对美术作品、自然景物、社会生活中美好事物的欣赏，获得美的感受，提高表现能力、审美能力的教学方法。例如：在开展"美丽的春天"活动之前，教师可以先组织学前儿童观察春天大自然的变化，展示关于春天的图片；在此基础上，再让幼儿欣赏徐悲鸿的作品《春之歌》（图2-8）、张萱的作品《虢国夫人游春图》（图2-9），比较两位画家笔下不同的春天。

图2-8　《春之歌》（徐悲鸿）

图2-9　《虢国夫人春游图》（张萱）

欣赏各种有审美价值的艺术作品、自然景物等活动，有助于开阔学前儿童的视野，增加幼儿的知识面，使他们在欣赏名画时，形成一定的历史文化知识和经验的积累。幼儿在感知、欣赏、理解、对话的过程中能够不断丰富自己的内心感受，并言之有物地表达出来，使语言表达能力获得提高。欣赏活动还可以为学前儿童提供一个自由的、开阔的环境，使幼儿在知识面、创造力、想象力、语言表达能力等各方面都能达到良好的发展，能促进幼儿的自信心，培养他们积极的情感态度。

在运用以欣赏活动为主的教学方法时，教师应注意以下三点。

（1）尊重学前儿童对美术作品的感受

由于每个人的经历不同，对美术作品认可、喜欢的程度就会不同，引起的影响也会不同。学前儿童由于经验、认识能力有限，有些看法在成年人看来可能是可笑、幼稚的，但只要是他们在对作品感知和体验基础上产生的，教师都应给予尊重和认可，不能强求幼儿接受某一权威的结论或教师自己对美术作品的看法。当然，这并不表明，教师不需要说出自己对美术作品的真实看法和感受。相反，教师应该阐述自己的观点，并鼓励和引导幼儿用各种不同的方式大胆地表达自己的看法以及审美感受。

（2）增强美术欣赏活动的情绪体验

美术欣赏过程本身就是一种情感的投入。移情是学前儿童情感发展的一个重要特点。幼儿经常把自己的想法和情感赋予到有生命或者无生命的物体上去，这为幼儿的欣赏提供了感情基础。欣赏活动过程中，幼儿的审美感受能力伴随着明显的情绪去体验。积极的情绪可以提高幼儿在欣赏活动中的效率，消极的情绪会阻碍欣赏活动的展开。所以，教师在欣赏活动中应注意增强幼儿积极的情绪体验。

（3）鼓励学前儿童运用各种方式来表达自己的感受

幼儿表达的过程其实就是一个体验的过程，也是幼儿进一步了解和感受美术作品的过程。语言是表达自己感受的常见方式。但是，幼儿可以运用多种方式来表达。比如：在美术欣赏活动中，教师可以采用倾听音乐或用动作、语言表达等方式帮助学前儿童感知、理解与表达美术作品。

五、以引导探究为主的方法

在美术教学活动中，以引导探究为主的方法是指由学前儿童自己发现问题、探索问题、解决问题的教学方法。在探索解决问题的过程中，能够培养幼儿独立探索、解决问题的能力及创新能力。以引导探究为主的方法主要分为尝试法和探究法两种。

（一）尝试法

尝试法是由教师设置一个情境，让幼儿对某个教学任务经历几次错误的尝试后，在此基础上找到正确的学习方法和答案的一种教学方法。尝试法主要运用于需要理解思维的认知活动中，但在某些操作性较强的活动中，仍不失为一种培养幼儿动手操作能力和探索精神的好方法。尝试法的特点是：先试后导、先练后讲、先学后教。例如：在手工教学粘贴活动"花瓶"中，可以先让幼儿欣赏各种各样的花瓶，再让幼儿思考并讨论花瓶上的纹样应该如何粘贴。在此基础上，幼儿尝试运用不同形状的纸条进行粘贴，引导幼儿再次讨论在制作过程中发现的问题。

（二）探究法

探究法是指学前儿童运用教师提供的材料和线索对已掌握的知识进行再发现，并发展创造思维和发现能力的一种教学方法。幼儿通过尝试和思考，能够增加体验，丰富感受，激发想象力，在不断的尝试、操作中发现问题、分析问题，直至找到解决问题的方法。

运用探究法时，教师应注意以下两点。

（1）允许学前儿童在探究过程中出现错误

现代心理学研究认为，错误的尝试学习虽然不是人类学习的主要形式，但人类学习中含有试误成分。在操作性较强的美术活动中，教师应该允许幼儿对学习任务经过几次错误的尝试，这是培养学前儿童思维能力和探索精神的好方法。经过自己的努力找到正确答案的过程，不仅能丰富幼儿的感受，增强他们的体验，同时还在取得成功的愉悦后，增强了他们的自信心。

（2）根据学习任务的难易程度引起学前儿童探索，必要时进行讲解

在美术活动中，当表现、制作的难度不大或有一定难度，但经过幼儿的努力能够解决时，教师可以先让幼儿进行尝试练习。当学习任务有一定难度而幼儿当时没有意识到困难时，可以让幼儿先尝试某一局部、某一步骤。当问题显露出来且幼儿久久解决不了时，教师可以适当地点拨幼儿。对于实在解决不了并带有普遍性的问题，教师应进行必要的讲解。更多的时候，教师需要针对幼儿的具体情况进行个别指导。

总之，教学方法是教学活动过程中教师的"教"与学前儿童的"学"两者双向活动的体现，是教学过程中教法和学法的统一。教学方法的运用受美术活动的课业类型以及美术活动的目标和内容的限制。教师要根据实际情况综合、灵活地运用各种教学方法，并在教学实践中不断总结、创新，找到行之有效的教学路子。

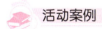 **活动案例**

大班绘画活动《井底之蛙》①

活动目标：

1. 认知目标：通过倾听寓言故事，理解故事内容。

2. 能力目标：学画砖条纹并设计1~2种规律进行装饰。

———————————

①本案例由邵阳市蓓蕾幼儿园谭乐提供。

3. 情感目标：将线描与手工结合，对线描活动感兴趣。

活动准备：

1. 视频《井底之蛙》。

2. 井的图片、各种颜色的方形纸、彩条等。

3. 音乐《青蛙最伟大》。

活动过程：

1. 播放视频《井底之蛙》，幼儿倾听理解故事。

师：井底的青蛙认为天只有井口那么大，我们一起来帮助它们跳出井口看看广阔的世界吧！

2. 根据折纸图示，尝试折叠小青蛙。

（1）幼儿分组，根据折纸图示交流讨论折小青蛙的方法。

（2）选择喜欢颜色的纸张，尝试折叠小青蛙。

3. 学画砖条纹，并设计1~2种规律进行装饰。

（1）PPT展示生活中井的图片，幼儿观察井的砖条纹。

师：井是什么样子的？井口是什么形状？井身是什么样子？井身都有哪些花纹？砖块是怎样排列的？

（2）幼儿画井，设计1~2种排列规律装饰井身。

师：你想设计什么样的砖块排列规律？上面想设计什么样的花纹呢？

4. 教师讲解井底之蛙的制作方法，并演示在井口和井底开口，幼儿自主制作，教师巡回指导。

师：井画好后，请老师帮忙在井口和井底用小刀分别划两道口子，再用彩条穿过这道口子，最后把小青蛙粘到彩条上。看！小青蛙可以上下跳，还可以跳出井底，不做井底之蛙啦！

5. 作品展示，师幼交流评价。

图2-10　井底之蛙

图2-11　井底之蛙

6. 幼儿跟着音乐让自己的青蛙跳起来，在"比比谁跳得高"的游戏中结束活动。

活动分析：

本次活动内容出自成语故事《井底之蛙》，用线描画和折纸结合的方法展现井底之蛙，幼儿自主尝试折小青蛙，帮助小青蛙跳出井口去看看外面的世界。选材新颖，趣味性强，意义深刻，活动目标和活动内容具有系统性与整合性，美术与手工围绕故事有机结合，实现了认知、情感、能力的有效融合。在活动过程中，综合使用讲授法、讨论法、观察法、探究法等方法。井砖条纹的排列方式是本次活动的难点，教师通过观察法、讨论法和探究法解决难点，提供直观丰富的井的图片，引导幼儿观察讨论井砖的排列方式，为幼儿积累井砖排列的视觉式样，并在此基础上创造宽松的环境鼓励幼儿自主设计与创造。

大班绘画活动"树丛中的大象"①

活动目标：

1. 尝试拓印与线描装饰结合的画法，激发幼儿热爱大自然的情感。

2. 认识大象的身体结构，能勾画出大象的身体轮廓。

3. 能有序地在大象的头、鼻子、身体、脚等身体部位进行分层装饰。

活动准备：

1. 经验准备

幼儿了解大象的身体结构。

2. 教学准备

PPT课件、共同拓印好的树丛、纸、笔等。

活动过程：

（一）播放PPT，引导幼儿逐步了解大象的身体结构

1. 教师播放PPT，引导幼儿逐步了解大象的身体结构

师：请大家来猜一个动物，看看这个动物的头、鼻子、耳朵、身体、腿分别是什么样子的？

小结：大象的身体是由头、鼻子、耳朵、身体、腿、尾巴组成的。

2. 引导幼儿根据大象身体结构及特征做书空练习。

（二）通过观察、示范，引导幼儿分层装饰大象

1. 教师出示范画，引导幼儿感受拓印结合线描的美

师：可爱的大象今天要参加森林舞会，一个个都穿上了漂亮的衣裳正走在树丛中。那我们来看看这头大象美不美？美在哪里呢？

小结：原来这是一幅树叶拓印结合线描装饰的作品，它用深深浅浅的颜料拓印了大大小小的树叶，构成了大自然的美。还有，大象的装饰上，加粗的地方颜色特别黑，留白的地方颜色特别白，用细笔勾画的地方颜色比较浅，这就构成了线描的黑、白、灰

---

①本案例由邵阳市蓓蕾幼儿园谭乐提供。

的美。

2. 引导幼儿观察，教师示范按顺序进行分层装饰

师：那我们来帮帮这头大象，给它也穿上美丽的衣裳，好吗？首先，我们对大象的头部进行装饰，从上往下看，第一层是什么花纹？第二层是什么线条呢？第三层加了什么图案？

师：我们再来装饰下大象的背部，第一层怎么画？第二层呢？

小结：刚才我们都是选取大象身体的某一部位，比如大象的头部、背部，一层一层地，从上往下有规律地运用点和线的组合进行分层装饰。那你们用这种办法仔细看看大象的腿、耳朵、鼻子该怎么装饰呢？

小结：原来大象经过这样的黑、白、灰的装饰后，再添上拓印的树叶，显得特别的美。

（三）幼儿作画，教师巡回观察指导

教师在巡回观察指导时，不要轻易否定幼儿的作品，而应鼓励他们大胆创新。

活动分析：

本节活动的重难点内容较多，幼儿对勾画大象轮廓不太熟悉。但对线描的兴趣很浓厚，所以依然顺利地达到了欣赏美、创造美的目标。

思考练习

一、选择题

1. 某中班一次美术活动"画熊猫"，教师制定的目标之一是让幼儿掌握画圆和椭圆的技能。这一目标属于幼儿园的（   ）。

A. 活动目标   B. 近期目标   C. 中期目标   D. 远期目标

2. 在对儿童美术欣赏的情感态度要求上，适合大班儿童的能力目标是（   ）。

A. 集中注意力欣赏

B. 关注具有美感的事物

C. 能感受作品的色调、色彩的变化及相互关系

D. 初步体验美术欣赏活动的快乐

3. "能用对称的方法剪出连接的图案"，该目标属于（   ）。【2017年山东诸城幼儿教师编制考试真题】

A. 认知领域的目标   B. 情感领域的目标

C. 动作技能领域的目标   D. 价值领域的目标

4. 幼儿园开展泥塑、纸工、拼贴、染纸等活动，它属于美术活动类型中的（   ）。【2016年安徽安庆太湖幼儿教师招聘考试真题】

A. 绘画活动   B. 美术欣赏活动   C. 国画活动   D. 手工活动

5. 教师引导儿童有目的地感知客观事物，以丰富感性认识，扩大眼界，锻炼感知

觉。该教师运用了（　　）。

　　A. 示范法　　　　　B. 范例法　　　　C. 观察法　　　　D. 演示法

　　6. 春天来了，老师带幼儿去公园欣赏桃花，回来后组织幼儿交流桃花的特征，使用的教学方法是（　　）。

　　A. 操作法和讨论法　　　　　　　　B. 观察法和讨论法

　　C. 观察法和游戏法　　　　　　　　D. 游戏法和讨论法

　　7. 李老师在一次美术活动中的教育目标是"提供给幼儿一张硬纸和一些毛线，在教师的指导下，用它制作一个相框"，这种目标属于（　　）。【2014 年福建幼儿教师招聘考试真题】

　　A. 表现目标　　　B. 行为目标　　　C. 过程目标　　　D. 具体目标

　　8. 学前阶段美的启蒙重在培养儿童的（　　）。【2017 年山东滨州阳信幼儿教师招聘考试真题】

　　A. 美学的知识　　　　　　　　　　B. 发现美、欣赏美的能力

　　C. 表现美的技能　　　　　　　　　D. 审美动机

二、判断题

1. 中班幼儿在老师的引导下能用自己制作的美术作品布置环境、美化生活。（　　）

2. 小班儿童的绘画教育目标之一是引导儿童掌握基本的绘画技巧。（　　）

三、简答题

1. 简述学前儿童美术教育的总目标。

2. 制定学前儿童美术教育活动目标的要点。

四、名词解释

1. 观察法

2. 探究法

五、材料分析

　　在中班折纸手工活动《燕鱼》中，老师将活动目标设计为：引导幼儿认识燕鱼并教会幼儿用方形纸折出燕鱼。请结合素材回答以下问题：

　　（1）结合制定学前儿童美术教育活动目标的要点，说说这个活动的目标存在什么问题？

　　（2）请修改这个活动的目标。

 **实训任务**

观摩并分析学前儿童美术活动的方法

【任务描述】

　　观摩一个学前儿童美术教育活动，小组合作分析选用的活动方法，并提出小组修改方案。

【任务单】

任务工作单　观摩并分析学前儿童美术活动的方法

组号：＿＿＿＿＿＿　　姓名：＿＿＿＿＿＿　　学号：＿＿＿＿＿＿　　检索号：＿2-1＿

活动名称		班级	
时间		地点	
活动目标			

	美术教育活动过程记录	活动方法分析
美术活动 记录分析		
活动方法 反思建议		

第三章
学前儿童绘画活动的设计与指导

　　甜心，35 个月，画下了爸爸、宝宝和妈妈（图 3-1）。妈妈说："还好妈妈的五官都有啦！只是搞不懂，我的手怎么长到脸上了？爸爸和宝宝直接没有人形，看不懂。我要不要教她画呢？"

图 3-1　幼儿涂鸦

　　妈妈殊不知，这是宝宝在这个阶段绘画独有的特点。让我们一起走进学前儿童的绘画，在理解他们绘画发展的过程与特点基础上，学习如何设计绘画活动，并给予适宜的指导。

【学习目标】

　　知识目标：

　　1. 理解和掌握学前儿童绘画发展的阶段与特点。

　　2. 了解不同类型学前儿童绘画活动的含义、特点与指导要点。

　　能力目标：

　　1. 能根据学前儿童的绘画发展特点，分析学前儿童作品。

2. 结合学前儿童的绘画发展特点与美术学科特点，能设计适宜的学前儿童绘画活动方案。

3. 能运用学前儿童绘画活动的指导要点，尝试解决活动实践中的具体问题。

思政目标：

1. 实事求是，在分析学前儿童绘画作品时，客观科学公正，不凭主观臆断。

2. 树立"儿童中心"的教育立场，设计与指导学前儿童美术活动时做到尊重儿童，心中有儿童。

3. 实施与指导学前儿童绘画教育活动时做到行为举止大方得体，为人师表。

4. 培养活动实践的创新精神与反思意识。

【思维导图】

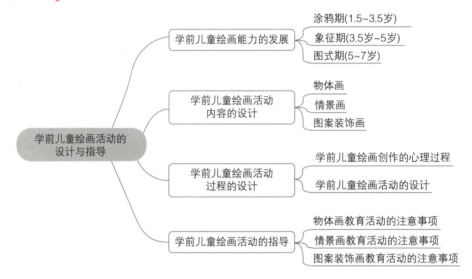

学前儿童绘画活动是指教师引导学前儿童使用笔、纸等绘画工具和材料，运用线条、形状、色彩、构图等艺术形式创造平面艺术形象，表达其生活经验和思想情感的美术活动。了解学前儿童绘画能力的发展阶段与特点是设计与实施学前儿童绘画活动的重要前提。

第一节　学前儿童绘画能力的发展

前面提到，绘画活动需要手、眼、脑的协调一致，学前儿童绘画行为是手的动作发展到一定程度以后产生的。随着身心发展，其绘画能力得到进一步发展。大量学前儿童绘画作品的研究表明，学前儿童绘画能力具有极其相似的发展轨迹，主要分为涂

鸦期、象征期和图式期。本节将从造型、构图、色彩三个方面对学前儿童绘画能力的
发展的特征进行描述，这是绘画活动设计的基础。

一、涂鸦期（1.5~3.5岁）

幼儿大约一岁半的时候便能够握笔了，他们喜欢拿各种他们能接触到的东西，如
毛笔、铅笔、水性笔、粉笔，甚至树枝、木棍等，在任何环境下进行没有意图的画线
活动，这些线条是凌乱的、不成形的，不代表任何事物（图3-2）。但是随着年龄增
长，涂鸦线条也会有不同表现。

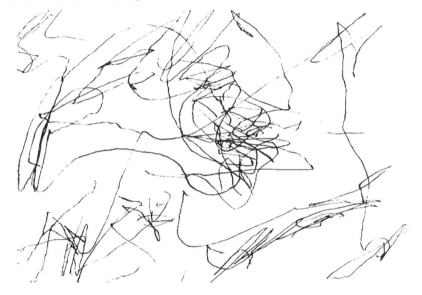

图3-2　涂鸦线条

（一）造型

幼儿好像天生就会画画，不需要任何人教便能自发地出现涂鸦行为，这是由儿童
身心的发展规律所决定的。随着幼儿肌肉力量的增强及游戏的心理发展，慢慢地对绘
画产生了浓烈的兴趣，他们非常享受用笔在纸上涂鸦所带来的乐趣。但是由于幼儿的
年龄不同，涂鸦的表现也有所差异。幼儿涂鸦的发展阶段又分为无控制涂鸦、有控制
涂鸦、圆形涂鸦和命名涂鸦四个阶段。

1. 无控制涂鸦（1.5~2岁）

这是所有幼儿绘画的最初阶段。当幼儿刚开始接触纸笔时，动作笨拙不协调依靠
手臂在纸上有节律地来回移动，手、眼、脑还不能一致，脑中也没有"画画"这个概
念，只是随意用笔在纸上涂鸦，不分用笔的上下左右，不管纸张的大小，只是觉得有
趣，这种机械运动在纸上留下了各种不规则痕迹，其结果便显示为无控制涂鸦。

杂乱线是幼儿最早画出的线条。这时的幼儿手部力量弱，对绘画工具毫无把握，
所以这时的线条极不流畅，长短也不一样，如图3-3所示。杂乱线中几乎没有重复画

出的线条，一次画出的线中可能出现横线、竖线、斜线、锯齿状线等。

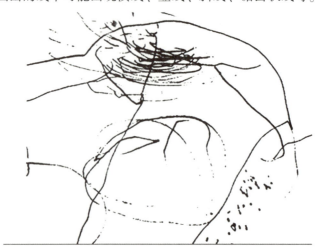

图3-3　未分化的涂鸦（1.5～2岁）

2. 有控制涂鸦（2～2.5岁）

幼儿的手、眼、脑比前一阶段相对协调，对手中的笔有了一定的控制，并且能运用视觉来控制手的运动轨迹了，但绘画还没有明确的创作意图。通过前一阶段的练习，这一阶段的幼儿已经能够来回画线了，但是长短大小仍然不能统一。有控制涂鸦阶段幼儿的涂鸦作品中出现了波形线、锯齿线、螺旋线等，如图3-4所示。

图3-4　有控制涂鸦（2～2.5岁）

3. 圆形涂鸦（2.5～3岁）

随着幼儿身心的发育，手腕、手臂等逐渐有了力量，运笔动作越来越熟练，手、眼、脑的合作越来越协调，这一阶段的幼儿慢慢地学会用一些封口及不封口的类圆形来表达一切事物了。圆形涂鸦阶段，幼儿的涂鸦出现了类方形、旋涡、复线圆圈、线团等，如图3-5所示。

图3-5　圆形涂鸦（2.5～3岁）

4．命名涂鸦（3～3.5岁）

3～3.5岁的幼儿绘画不再毫无目的，他们会有意识地将图形和线条与外界事物相联系，并将涂鸦动作视为自己生活中的某些事物。比如：有些幼儿会指着画面上的圆圈（图3-6）说："这是我爸爸带着我去游乐场玩。"这一阶段幼儿的涂鸦不再是单纯的手臂机械运动，幼儿有了思想，涂鸦也具有明显的表达意图。此阶段，幼儿对图形的命名具有不稳定性，会随着时间的变化而不同。

图3-6　命名涂鸦《爸爸和我去玩》（3～3.5岁）

（二）构图

涂鸦期的儿童绘画时没有明确的意图，随意性强，线条图形之间没有特殊的联系，没有构图意识。

（三）色彩

涂鸦期的儿童对色彩的感受力较弱，不注意色彩变化，常常使用单色笔，偶尔换另一种颜色笔涂画，所以，作品的色彩比较单一。

涂鸦期在进行绘画指导时应注意以下几点：

（1）以培养幼儿的观察能力和强化幼儿的形象记忆为主。让幼儿多看、多听、多动、多记，提高幼儿对周围事物的认知能力，丰富幼儿脑中的形象积累。

（2）教师应重视幼儿的涂鸦，让幼儿大胆作画、快乐作画，不能因为幼儿画得

"太乱"而加以制止。

（3）让幼儿充分使用动作，注重培养幼儿手、脑、眼的协调能力及正确的作画姿势。

（4）为幼儿创设良好的绘画环境，给幼儿留出一定的涂鸦空间，并要多表扬、鼓励幼儿的涂鸦行为与作品。

二、象征期（3.5~5岁）

3.5~5岁的幼儿动手能力及认知知识进一步发展，对线条及圆形的把握越来越熟练，并开始产生表现的意图。这一阶段的幼儿能运用所掌握的简单图形、符号及线条来表现物体的粗略形象，但所绘制的形象是不完整的，具有象征性的特点，因此，此阶段被称为象征阶段。

这个时期幼儿的视觉感受力有了很大提高，学会了用一些简单的几何符号、线条等来代表物象的外部轮廓。此阶段儿童的绘画具有自己的特点。

（一）造型

象征期的儿童用简单的几何符号、图形、长短不一的线条粗略地表现物体，但只具备最基本的部分，通常是粗略的、不完整的，当部分脱离整体时，人们就无法辨认，部分就失去了它的意义。这些简单的几何符号、图形、线条便是象征符号，这种简略形的造型被称作"蝌蚪人"。"蝌蚪人"是3~4岁儿童绘画中常见的人物造型。

蝌蚪人仅仅是在圆形的基础上用点添加了鼻子、眼睛、嘴巴和耳朵，并用线表示"人"的四肢，这就好像光光的脑袋上长着长长的尾巴，外形特别像"蝌蚪"，这是儿童能够画出的最早的可识别的形象之一。"蝌蚪人"的出现说明儿童已经掌握了基本的图画媒介。美籍德国心理学家、艺术理论家阿恩海姆在《艺术与视知觉》一书中解释了儿童画"蝌蚪人"的理由。他指出："早期儿童由于知觉尚未分化，其绘画样式十分简化。随着儿童的成长，其知觉能力不断分化，绘画样式也越趋复杂。"儿童图形思维具有独创性和局限性，"蝌蚪人"的精细程度与儿童的年龄成正比。在这一阶段的早期，儿童用圆表示的不只是人的头部，而是整个人体，到了3~4岁，儿童虽然能够在成人的要求下画出身体的一些部位和器官，但图画仍服从于知觉分化的水平，还是只能用点、圆或者简单的图形表现人体的部位和器官。比如说，成人要求儿童在"蝌蚪人"上画出肚脐时，儿童会不假思索地在"蝌蚪人"嘴的下部画上小圆圈，有时则会在两条竖线之间画上小圆圈。早期儿童所画的圆既代表了头部，又代表了躯干。《我的一家人》（图3-7）中的形象就是典型的"蝌蚪人"形象，大圆圈代表头，在大圆圈两侧、下面和上面画上单线条表示手、脚和头发。《我妈妈》（图3-8）中的妈妈经常被误解为是小狗，便与象征期儿童的绘画造型特点有关，妈妈的头发比较粗略、不完整，看起来像狗的耳朵；没有画腿，因而看着像蹲着的狗。

图3-7 《我的一家人》　　　　　　　　图3-8 《我妈妈》

（扬州市三霞蓓蕾艺术培训中心提供）　　（南京师范大学附属幼儿园提供）

（二）构图

象征期的儿童在画面上所画形象数量逐渐增多，往往会有三四个，甚至更多的形象。最开始，在画多个形象时，他们将形象随机画在纸上，画面安排没有规律，不能注意物体的方向、大小和关系，我们称作零乱式；逐渐地，画面中的多个形象都竖立着，出现了方向的一致性，我们称作平行式。这是象征期常见的构图形式。

这个时期的绘画开始出现一个有趣的画法，即"透明画法"，又称为X光画法，指儿童认为凡是客观存在的东西都必须把它们画出来，虽然是重叠的两物，也完整全部呈现出来，不考虑透视的绘画现象，互不遮挡。如图3-9所示《坐飞机去旅行》，爸爸、妈妈和"我"在飞机里，既画出飞机的外形，也将三个人物完整地画出来；妈妈吃了两块太阳型饼干，把肚子里看不见的饼干也画出来了。

图3-9 《坐飞机去旅行》（李居籽 5岁）

在象征期的中后阶段，学前儿童开始在画面底端画上一条长长的线条（叫基底线）表示地面，把整个画面分成上和下的空间关系，所有地面上的形象都在基底线上排列成一排，表示这些物体处于同一水平高度，这样的构图方式叫并列式。

（三）色彩

象征期的幼儿作品通常有三种或三种以上的颜色种类。幼儿开始有自己的颜色喜好，通常喜欢纯度高的、鲜艳明快的原色，并用喜欢的颜色涂在自己喜爱的物体上，并且开始注意按物体的固有色选择相应的颜色涂染，但还不能关注整个画面的色彩搭配。在涂色方面，显得杂乱无章，既无顺序，也不均匀，有时会有很多空白，有时突出轮廓线外。在幼儿作品《我的一家人》中，中间是画的幼儿自己，在问及他为什么给爸爸涂成肉色时，他说："我喜欢这个颜色。"老师问："中间的人为什么画黄色呀？"他拎一拎自己的上衣说："喏，我今天穿的就是黄色。"他选择色彩的依据并不固定，综合根据自己喜好和固有色进行涂色，还可以看到涂色不够均匀，有的是横涂，有的是竖涂。

象征期在进行绘画指导时应注意以下几点：

（1）以培养幼儿的发散思维能力为主，能让幼儿在绘画中举一反三、融会贯通，提高幼儿的联想能力。

（2）利用简单形体（如方形、圆形、三角形等）及其组合形体让幼儿表现感受周围事物、发生过的情节以及想象中的物体。

（3）设计幼儿感兴趣的内容，可以以命题画为主，引导幼儿观察周围事物、鼓励幼儿用自己的"形象符号"表达思想感受。

（4）进行简单的绘画技能练习。绘画技能练习可以更好地鼓舞幼儿有控制地、较好地表现绘画内容，提高幼儿的绘画兴趣。

（5）引导幼儿学习深浅、冷暖颜色的搭配，让幼儿在探索中"发现"色彩之间的秘密，提高他们的色彩审美能力。

（6）对幼儿作品持欣赏、了解态度，尊重幼儿，恰当引导，多听听幼儿的想法及其赋予画面的象征意义。

三、图式期（5～7岁）

图式期的儿童手部肌肉力量大大增强，生活经验不断积累，视觉感受力渐渐提高，他们开始真正地用绘画方式有目的、有意识地表达，图式期成为学前儿童绘画的黄金时期，在造型、构图和色彩方面都有了明显的发展，在绘画中呈现出强烈的主观愿望。

（一）造型

图式期的儿童能用较为流畅的线条表现物体的整体形象，形象越来越完整，将图形以一定的方式进行组合，部分与部分融合为整体，并能表现一些细节。一些5～6岁幼儿开始能用动态的方式表现形象的行走和跑步等动作，并能画出侧身的形象。大家可以看出，图 3-10《到太阳上旅行》中的人物造型，线条流畅，整体性强，还出现了细节描绘，如发型、高跟鞋，阔腿裤、侧脸人等，画面中还表现了爬树的动作。

图3-10　《到太阳上旅行》（南京师范大学附属幼儿园提供）

（二）构图

图式期的儿童绘画中形象数量越来越丰富，并开始注意物体的大小比例，逐渐趋于合理，形象与形象之间有了一定的联系，基本能反映主题。画有基底线的并列式是这一时期最常见的构图方式。例如，图 3-11 所示幼儿作品《六一儿童节》中，底端线条及以下配列的花朵代表舞台，所有形象都画在线上，表示舞台上表演的同伴，上面是舞台灯，画面呈现上下并列的构图方式。

图3-11　《六一儿童节》（扬州大学附属幼儿园提供）

逐渐地，并列式构图会发展为散点式构图，使画面立体化，出现近大远小的空间关系。透明画法会发展为遮挡式，表现物体前后、里外的遮挡关系。例如，《到太阳上旅行》这幅画出现了散点式构图，近处树比较大，远处树比较小；我们还可以看到近处的树和人遮挡了远处的河岸，呈现出遮挡的关系。作品《未来的车》（图 3-12）中小猫车与车内的"我"及好朋友也很好地表现出遮挡关系。

图3-12 《未来的车》(扬州大学附属幼儿园提供)

这个时期的儿童常常不自觉地把自己关心的事物和认为重要的事物画得很仔细、很突出,放大性地进行表达。这与孩子的认知水平有关,他们在观察事物时常常感知突出的地方或自己感兴趣的地方,而非本质的特征,从而把自己的感受清楚地表达出来,这就是儿童画中的"夸张法",正是儿童绘画的童趣所在。例如,作品《过生日》(图3-13)的作者说:"我过生日太开心了,头发都爆炸了。"幼儿使用夸张的发型表达强烈的情绪色彩。

图3-13 《过生日》(南京师范大学附属幼儿园提供)

(三)色彩

图式期的儿童对颜色变化的辨析能力逐步提高,能根据物体的固有色进行着色,色彩选择也会与主观愿望相结合,开始关注色彩的情感表达和色彩对画面的装饰性,色彩种类更加丰富多样。从涂色质量来看,涂色时常常按照一定的顺序,日益均匀。《过生日》的色彩种类较多,彩灯的色彩最为丰富,画面产生装饰效果;衣服红色、头发的柠檬色烘托出作者过生日的情绪情感。

由于学前儿童特有的自我中心的思维方式，绘画还呈现出以下两种充满童趣的画法。一是拟人化，学前儿童认为世界上所有的东西都是有生命的，他们以自我为中心推想一切事物，将自己的情感和意识赋予一切事物。他们在画画时，还时常赋予形象人物心理和形象。二是展开式，即画中的人物、事物由中心向四周或上下或左右展开的表现方法，呈放射状，将不同视角的所见所知呈现在一张画纸上。如图3-14《六一儿童节》中，拿着风车的女孩和拿着球的男孩是从正面观察的形象，圆形舞台是俯视角度的，舞台上唱歌的女孩则是舞台前正面观察的形象，多角度同时发生在这幅画面中，舞台上的女孩便是展开式的代表。

图3-14　《六一儿童节》（扬州大学附属幼儿园提供）

图式期在进行绘画指导时应注意以下几点：

（1）以培养幼儿的创造力、想象力为主。在教学中以系统的形象思维训练为主要内容，培养学前儿童勇于独创的良好个性品质，激发幼儿的创作热情。

（2）丰富儿童体验，加深儿童对生活、对世界的感知，引导学前儿童观察周围事物。

（3）提供多种绘画工具和材料让学前儿童选择，增加学前儿童的绘画兴趣。

（4）教师应站在学前儿童的角度欣赏和评价他们的绘画作品，多倾听、多鼓励。

案例解析

未来的车

一、幼儿作品描述

在这幅儿童绘画作品中，三条波浪线自左向右在画面的底端整齐排列，形成三层海上波浪，从下往上深蓝、浅蓝、深蓝色相间（图3-15）。海面上悬浮两辆"未来的车"。

图 3-15 《未来的车》（扬州大学附属幼儿园提供）

左边一辆车是飞机、船和车的结合，主体部分是两头尖尖的绿色船体，船体外侧有红色救生圈，并在救生圈旁边画有波浪线、螺旋线；船尾画有螺旋桨，螺旋桨上缠绕锚链，挂着锚；船头插上旗帜，绿色旗帜上画有红色爱心；船上画有"船长室"，"船长室"顶上设有螺旋桨，设有门窗和爱心标志，房间内有一梳着发髻的红色衣服女孩；一位紫色长发女孩张开手臂站在船头；下方有两个红色的车轮。

右边一辆是飞机与车的结合，整个涂成紫色。车身呈不规则圆形，顶上画有螺旋桨，车身设有门，还画有六个圆形，一个正方形，正方形内画有三角形。螺旋桨左侧画有三个三角形齿状，下方画有两个轮子。

画面左上角画有波浪线花边的边框，框内写有汉字。

二、幼儿作品分析

1. 内容与主题表达方面

这幅作品充分展现了幼儿对未来的车的设计，这两辆车能行、能游、能飞，实现现实的交通工具的外形特征与功能的整合。因而，指南中指出"幼儿能用多种工具、材料和不同的表现手法表达自己的感受和想象"，作者能独立大胆地用绘画形式表达自己的设计，主题表达准确清楚，内容丰富生动，充满想象力与创造力，具有童趣童真，表现出幼儿大胆、勇于创新的学习品质。

2. 形式方面

（1）色彩。选用蓝色、绿色、红色、紫色、咖啡色等较丰富的颜色，从海洋的色彩可以看出作者有意识地并且使用固有色着色；从人物紫色的头发、绿色的和紫色的飞机等可以看出作品的色彩还结合作者的主观喜好和情感表达。涂色质量一般，没有细致的涂色顺序，具有随意性，多用螺旋线来回涂色，色彩不均匀。

（2）造型。能用熟练、流畅的曲线、直线和圆形、方形、三角形等形状组合表现出整体形象，结构合理，各部分之间关系基本正确，右边的车还以动物为原型进行外形的设计，以及爱心标志等表现出对部分细节的描绘，人物能表现出性别特征。说明儿童运用手部肌肉控制线条的能力增强，对事物的观察逐步细致，也能从整体上把握事物造型。

造型多处具有创造性，将对车、船和飞机等外物表象通过大胆的变形、分解、概括、组合与联想，用绘画的形式再创造出新的表象，实现现实的交通工具的外形特征与功能的整合。作者掌握了车、船和飞机的基本功能和主要特征，对交通工具具有丰富的生活经验和视觉经验。

（3）构图。形象主次分明，但没有发生联系，没有情节；画面布局合理，具有一定的均衡感和整体感；有大小、里外、上下的观念，画面使用了并列式，波浪线为典型的基底线，明显地表现出上下关系。车里的人和船头的人比例适中，表现出大小关系；车里的人表现出了"遮挡式"，突破了透明画法，意识到两事物之间的前后关系。说明作者在画面的空间布局、事物比例等方面有了进展。

3．教育建议

（1）《指南》提出："肯定幼儿作品的优点，用表达自己感受的方式引导其提高。"教师了解并倾听幼儿的艺术表现的想法或感受，领会并尊重他的创意意图。可以创造机会鼓励小作者在集体面前、爸爸妈妈面前分享讲述自己的作品，在分享中体验成就感。

（2）在绘画过程中，教师可以通过提问—谈话的方式启发和引导幼儿对"车"的功能和外形进行更细致的创想和再表达，丰富画面和情节，建立形象之间的情节联系，表现"车"的具体功能，做到"尊重幼儿自发的表现和创造，并给予适当的指导"。

（3）在将来的绘画活动中，包括集体活动和美术区域活动，通过多种方式（比如投放实物、操作指南与作品、教师提出色彩着色要求等），引导感知欣赏自然物的色彩，自主探究平涂的方法以及其他色彩表现方法，增强对色彩的感知和色彩的表现力。

（4）"创造机会和条件，支持幼儿自发的艺术表现和创造。"可以为幼儿提供丰富的多种材料，支持和鼓励他将平面的绘画形式转化成立体的综合材料制作，体现成功感。

第二节　学前儿童绘画活动内容的设计

学前儿童绘画活动的形式是丰富多样的，按照题材内容的不同，可分为人物画、风景画、动物画、故事画等；按照材料性质的不同，可分为水粉画、水彩画、油画棒画、彩铅画、水墨画等。在这里，我们主要介绍在幼儿园教学活动中常用的物体画、情节画和图案装饰画等绘画活动的内容设计。

一、物体画

物体画是由教师确定画某个物体，并指导学前儿童在观察的基础上表现出物体的结构、色彩、特征、形状的绘画活动形式。学习物体画的主要目的是培养学前儿童的造型能力。物体画的教学对提高学前儿童的绘画知识技能以及培养、发展他们的观察力有着重要的意义。学前儿童在物体画中表现的内容比较广泛，教师应根据不同年龄阶段儿童的心理发展特点，尤其是绘画发展过程及教学活动的要求，经过分析、选择，最后确定活动内容。

物体画活动内容设计

（一）3～4岁（小班）

3～4岁幼儿认知能力较差，生活经验缺少，所接触的事物的范围也相对较小。因此，在设计小班幼儿物体画的内容时应主要以日常生活中熟悉的、经常接触的、最感兴趣的、简单的物体为主，如皮球、手帕、月亮、房屋、汽车、小花、大树等。小班幼儿已经开始有了画出数种图形的能力，但是绘画技能还比较差。因此，在技能上，教师不能要求过高。在幼儿学会画长方形、正方形、三角形、半圆形等基本图形的同时，注意引导幼儿进行图形的组合，鼓励幼儿画出熟悉的、不同的物体，初步引导幼儿能使用简单的图形和线条组合的方法创造图形。

在绘画工具的运用和认识上，让幼儿学会使用简单的绘画材料和工具，锻炼手的控制能力。学会使用勾线笔、水彩笔等材料画出各种线条、图形，学会使用油画棒在轮廓线内添加自己喜欢的颜色，学会使用印章在纸上拓印，等等。例如，幼儿作品《好吃的点心》（图3-16）通过海绵棒拓印涂抹画出圆形、方形、三角形等基本形状，通过裱花装饰点心和盘子。

图3-16　《好吃的甜点》（刘笑冉　4岁）

（二）4～5岁（中班）

4～5岁幼儿物体画的内容设计应在小班的基础上能运用各种线条和形状来表现物体的主要特征和基本结构。例如，在学习人物画时，要求画出人物的正面，还可以画鸡、鸭、狗等一些家禽，画公共汽车、火车、轮船等交通工具，画简单的风景，等等。逐步学习多种绘画方法，体验绘画带来的乐趣。比如，幼儿作品《蜗牛慢慢爬》引导幼儿结合雨天看蜗牛的经验，并观察蜗牛的大量图片，活动中，幼儿看一看、说一说蜗牛的外形特征，学一学蜗牛爬行的样子，创作出蜗牛的形象，表现蜗牛的外形特征。

图3-17　《蜗牛慢慢爬》（刘笑冉　4岁）

中班幼儿已经能够画出比较平稳和有力的线条，具备使用各种图形来表达简单物体的绘画技能。因此，在为中班幼儿设计物体画的内容时，应先从画两个基本形状组合而成的简单结构的物体开始，再画由两个以上基本形状组合成较为复杂的物体。在开始阶段，应强调将基本部分归纳为图形。幼儿最基本的作画方法是图形组合方法。这种方法帮助幼儿掌握物体整体的结构和形象。在幼儿掌握基本部分的基础上，教师再进一步引导幼儿表现物体的主要特征。最后，在掌握从整体到局部的作画方法之后，可以引导幼儿调整组合的位置，画出正面和侧面的动物、人物，并且能用不同的几何图形表现出动物和人物的基本特征。

在使用绘画工具、材料时，要求幼儿学会运用勾线笔清晰地勾出物体的轮廓，并学会用油画棒均匀涂色，掌握握笔的力度、方向等。

（三）5～6岁（大班）

5～6岁幼儿已积累比较丰富的知识经验及作画技能，画面表现的内容日益丰富。因此，对于大班幼儿，物体画的要求主要是学会画形体上较为复杂的物体，能描绘出物体动态及细节部分，如动物、人物的不同姿势；学会画各种交通工具，如挖土机、吊车、飞机、火箭等；学会画结构更为复杂的建筑物；学会画各种植物，如热带植物等。引导幼儿学习使用多种绘画材料和工具，运用不同的技法来表现自己的想法和感受。

为大班幼儿设计物体画内容时，要注意他们不仅能画出物体的主要特征和基本部分，而且能使画面更加丰富，进一步完成从表现物体的个别特征过渡为表现物体的综合特征。教师应为幼儿选择他们感兴趣的又有故事情节的内容，让幼儿学会画动物、人物的简单动态。比如《三个和尚》、《蜻蜓点水》、《画蛇添足》（图3-18）、《快乐的六一》等。学前儿童主要凭直觉印象画出物体的形象、动态等，开始画时可能在构图上不合理，但兴趣会促使他们仔细观察。当他们能独立地画出一两个动态效果后，他们的学习兴趣会增加，从而使动态更生动，更富有变化。

图3-18 《画蛇添足》（蓓蕾幼儿园苹果一班 夏胤涵）

在使用绘画材料和工具上，大班幼儿应掌握油画棒、水彩笔、毛笔等的基本功能和使用方法等；有目的地选择多种形式表现画面，如喷水法（图3-19）、粘彩法（图3-20）等。

 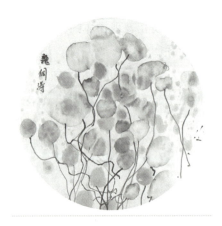

图3-19 《白菜》（蓓蕾幼儿园大一班 肖溢思）　图3-20 《思》（蓓蕾幼儿园大一班 魏倜涛）

 活动案例

小班绘画活动：秋天的柿子树

执教者：南京市栖霞区燕子矶幼儿园　王欣玥

活动目标：

1. 认知目标：欣赏秋天的柿子树，通过多感官观察柿子的外形特征。

2. 能力目标：尝试用圆形海绵印一印的方式表现出柿子的造型。

3. 情感目标：能大胆印画，感受柿子树丰收的景象。

活动准备：

1. 经验准备：幼儿在生活中见过、吃过柿子。

2. 物质准备：柿子每人一只、圆形海绵、圆形卡纸、调色盘、布袋人手一份、丙烯颜料、作品栏、小夹子若干。

活动过程：

1. 观察欣赏柿子的外形特征。

（1）在幼儿园的柿子树下散步，观察柿子树和柿子。

师：小朋友们，你们发现柿子树发生了什么变化？我们远远地找一找，柿子长在哪里？柿子是什么样子的？

（2）教师分发布袋，幼儿拿出布袋里的柿子，看一看、摸一摸、闻一闻。

师：柿子宝宝来找你们啦，请你们从布袋里拿出柿子观察，你可以看一看、摸一摸。它是什么样子的？它是什么形状的？它是什么颜色的？它摸起来是什么样子的？

2. 出示光秃秃的柿子树，对比观察，讨论柿子可以结在哪里。

师：今天老师给小朋友带来了一棵柿子树，这棵柿子树跟图片上的看起来有什么不一样的？

师：小朋友们都发现了，观察得真仔细。这棵树上没有柿子，那我们一起让这棵柿子树结满柿子吧。

师：我们每人拿一张柿子树的画，你们看一看，说一说，柿子想结在哪里呢？

3. 出示圆形海绵，教师讲解示范用圆形海绵压印的方法，并请幼儿尝试在展示板上压印。

师：这是圆形海绵，拿住上面的手柄后去沾调色盘里的颜料，在蘸取颜料的时候要把海绵表面上的颜料都沾满。沾满颜料后，把圆形海绵上的颜料印在空空的树枝上就完成了。

4. 幼儿开始印画，教师巡回指导，提醒幼儿注意保持画面干净。

5. 展示分享《秋天的柿子树》。

师：小朋友们，你们的柿子树上都结满了柿子，都好漂亮啊！

师：你们最喜欢哪一幅呢？为什么？

活动延伸：

将柿子树的照片投放到美术区，感兴趣的幼儿可以继续用相同的工具材料操作练习，也可以根据需要选择不同的工具材料探索创作。

二、情景画

情景画是幼儿根据作品的故事情节进行绘画。情景画，能使学前儿童学会将个别物体与其他物体进行有机的结合，并正确地表达出各形象之间的关系，构成一幅有主题的画面。

情景画活动设计

（一）3~4岁（小班）

3~4岁幼儿情景画的绘画要求：认识常见的绘画工具与材料，能用简单的图形来表现物体的轮廓，培养其绘画兴趣。因此，对于小班幼儿没有很高的绘画要求，小班幼儿只要学会在画面的中心位置安排主要的形象，并把它画大即可。

（二）4~5岁（中班）

4~5岁幼儿在情景画的设计上，主要是引导幼儿学习构图知识，学会在画面上安排物体的上下、左右的关系。在画面上做简单的布局，将景物都画在基底线上，用一些辅助物来表现简单的情节。例如：画小朋友时，在小朋友手中画上球拍、花束等，借以表现"小朋友打球""教师节"这样一些简单的故事情节。

一般来说，中班幼儿已能清楚地表现个别物体的形象，视觉经验也日益丰富起来，已具备在绘画中表现物体相互关系的能力。但是，他们的空间知觉发展还不完善，还不能理解物体较复杂的空间关系。因此，在设计中班幼儿情景画时，应先从简单的内容着手，要求幼儿在画纸上重复地画某一物体，然后在主要物体旁添加背景构成简单的情节。《青蛙妈妈》（图3-21）这幅画主体为两只青蛙，画在纸张中心位置。在教师的引导下，作者在画面中添画水草、蝌蚪等背景，表现水中青蛙的形象与生活环境，但情节性不强。

图3-21　《青蛙妈妈》（扬州市邗江第一实验幼儿园提供）

（三）5～6 岁（大班）

5～6 岁幼儿在情景画的设计上，主要是引导他们学习表现远近、前后等简单的空间关系及主题与背景之间的关系。根据自己已有的生活经验，以周围的实际情况作为表现题材，画出简单的情景画。大班幼儿随着知识经验的不断丰富，绘画技能也渐渐提高，已经产生了描绘一个事件、表达一定情感的愿望。如《小老鼠的一家》（图3-22），作者画了小老鼠爸爸、小老鼠妈妈和小老鼠兄弟围坐在餐桌前聊天进餐的愉快场面，老鼠妹妹在吃樱桃，老鼠爸爸抬头笑着，老鼠妈妈正在与老鼠哥哥聊天。

图 3-22 《小老鼠的一家》（蓓蕾幼儿园 魏倜涛）

一段时间之后，大班幼儿能独立地构思画面，表现出简单的情节。此时，教师可为学前儿童设计一些连贯的表现情节发展过程的内容。教师可根据学前儿童生活中的实际情况设计内容，如《我的周末》，以启发学前儿童把周末发生的事情编成故事，用2～3 幅画面表现出来。有的学前儿童能把一天中发生的事情按顺序画成一幅一幅的画。例如：上午在家学习、中午在家睡觉、下午和小伙伴做游戏等，并给这几幅画统一命名为《我的周末》。学前儿童喜欢听故事、看绘本，也喜欢说儿歌。由于故事、绘本、儿歌中的动物、人物有着鲜明的特征，情节生动有趣，容易激发学前儿童的兴趣，因此教师要注意为学前儿童设计一些能够表现故事、儿歌内容的情景画。例如，讲述了《乌鸦喝水》的故事后，这一情节可让学前儿童用2～4 幅不同的画面来表现。第一幅画表现乌鸦看见一个瓶子，瓶子里面有水，可是瓶子里的水不多，瓶口又小。第二幅画表现乌鸦看见旁边有很多的小石头，想出了办法。第三幅画表现乌鸦把小石头一个一个地放进瓶口。最后一幅画表现瓶子里的水面升高了，乌鸦终于喝到了水。

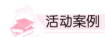 **活动案例**

大班绘画活动：《猴趣图》

执教者：南京市百家湖幼儿园 宋江羽

活动目标：

1. 认知目标：欣赏各种形态的猴子，感受数字"3"与猴子的神似之处。

2. 能力目标：尝试用撕贴数字"3"和添画的方式表现树林中猴子的不同动态。

3. 情感目标：感受群猴在一起的乐趣，体验小组合作完成长卷画的成功感。

活动准备：

1. 经验准备：幼儿在生活中观察过猴子，有一定的撕纸经验，有和同伴合作画一幅画的经验。

2. 物质准备：树林背景的长卷画底板、关于猴子的图片、勾线笔、红色油画棒、胶棒、黑色撕纸若干、背景音乐等。

活动过程：

1. 通过视频，欣赏猴子的不同神态及动作。

（1）模仿猴子动作，游戏入场。

师：这只小猴在做什么？真是一群可爱的小猴们！

（2）播放视频，和幼儿共同欣赏。

师：今天，我带来一段猴子的动画片，跟着小猴做做动作。他们都做了什么动作？请你们来试一试。

师：原来猴子有各种各样的形态，蹲、抬腿、翻跟头……真有意思！

2. 播放 PPT，欣赏真实的猴子图片。

（1）播放图片，引导幼儿观察不同场景中的猴子神态。

师：这里有几张猴子的照片，你最喜欢哪一幅？

师：猴子在干什么？手、脚是怎么摆放的？它和谁在一起？（同伴模仿动作）它做了什么动作？跳起来时手和腿怎样？这只猴子爬树（倒挂）时，头和尾巴的方向朝着哪里？

小结：猴子们做出不同姿势时，头、手脚和尾巴的位置方向也都各不相同！

3. 探索数字"3"的撕法，感受数字"3"与猴子之间的相似。

（1）出示纸片"3"，引导幼儿感受数字"3"与猴子身体的相似处，并添画出完整猴子。

师：你发现了吗？小猴的身体和哪个数字最相像？

总结：3 原本只是一个数字，但它却和猴子弯弯曲曲的身体非常相似，数字可真有趣！

师：我这里有只猴子的身体（出示纸片"3"），怎样才能变成一只完整的猴子？需要添上什么？（幼儿尝试）

（2）出示上次活动中小组合作绘画的树林底板，引导幼儿用手撕出数字"3"。

师：我们一起画的这片树林里还藏着很多小猴呢，可我的"3"用完了，还剩下一些纸片，你能变出"3"吗？（儿歌：小猴子爱爬山，爬上山爬下山，又爬山又下山，钻洞洞，钻洞洞）

（3）请成功撕出纸片"3"的幼儿分享经验。

4．幼儿操作，引导幼儿从不同方向摆放数字"3"，进行想象添画，尝试说一说发生的故事。

（1）提醒幼儿与同伴交流合作变出故事情节的长卷画。

师：让我们把小猴子变到树林里！你想怎么变？会发生什么有趣的故事？

（2）播放音乐及图片，幼儿自由创作，教师巡回指导，引导幼儿变出不同动态的猴子。

5．展示幼儿作品，评价交流。

师：请小组分享你们的猴趣图，说一说都发生了什么好玩的事？小猴子们在做什么？

总结：今天我们用数字3进行了想象添画，还和同伴们合作完成了一幅猴趣图，画里讲述了有趣的猴子嬉戏的故事。

活动延伸：

1．幼儿可以根据兴趣增添不同形态的猴子，丰富《猴趣图》。

2．可以自主尝试撕出其他数字进行想象添画。

三、图案装饰画

图案装饰画是教师引导学前儿童利用各种花纹、色彩，在各种纸形和生活用品纸形上有规律地进行装饰的绘画表现方式。图案装饰活动能使学前儿童学会简单的图案装饰的知识和技能，体验图案的装饰美。图案装饰活动有助于发展学前儿童的动手能力，培养学前儿童的耐心、细致、有顺序的工作习惯，以及发展学前儿童的创造力和想象力。

（一）3～4岁（小班）

在3～4岁幼儿图案装饰画的内容设计上，教师可以引导幼儿多欣赏已知独立纹样，通过简单的点、线、圆等按一定规律排列装饰；也可以引导和使用印章等媒介压印出一定规律的图画；也可以运用色彩进行装饰，比如用印章为蝴蝶压印对称的色彩。例如，图3-23《爸爸的领带》中，小班幼儿用不同颜色的水彩笔间隔画线条装饰领带。

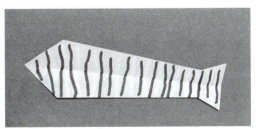

图3-23　《爸爸的领带》（刘笑冉　4岁）

（二）4～5岁（中班）

在4～5岁幼儿图案装饰画的内容设计上，主要是引导幼儿学习用比较简单的图案花纹装饰正方形和长方形，如圆圈、三角形、小树叶等，并能用对比色涂出鲜艳、美丽的画面。为中班幼儿设计图案装饰画时，主要侧重于纹样的变化。在设计纹样时，可设计一些《装饰手帕》的课题，让幼儿运用简单的花纹装饰正方形的纸。在设计《装饰手帕》课题时，在纹样上的变化应由简单到烦琐、由容易到复杂。从最初的一种花纹、一种颜色进行装饰，逐渐增加难度，如用两种花纹、两种颜色装饰等。经过一段时间后，可以为幼儿设计画"花裙子""花桌布""花围巾"等课题，让幼儿在正方形的中心、四角进行装饰。例如，图3-24《好吃的冰淇淋》甜筒部分使用同心圆、波浪线等进行装饰。

图3-24　《好吃的冰淇淋》（张笑瑞　5岁）

 **活动案例**

中班美术活动：《彩色的大鱼》

执教者：南京市百家湖幼儿园　王莹

活动目标：

1. 认知目标：通过观察、比较和交流，感受鱼不同的形态美和色彩美。

2. 能力目标：尝试用丰富的色彩以及简单的点、线条和色块表现、装饰自己喜欢的鱼。

3. 情感目标：在创作的过程中体会水粉绘画游戏带来的成功和喜悦。

活动准备：

1. 经验准备：幼儿去过海底世界，有观察海洋里的鱼的经验。

2. 物质准备：黑色卡纸、颜料、PPT、排笔、抹布和背景音乐。

活动过程：

1. 欣赏"彩色的鱼"的图片，激发幼儿的活动兴趣。

师：在蔚蓝的大海里，住着很多很多美丽的鱼，看，它们游来了。

2. 从鱼的色彩、身体形状、身上的花纹进行有重点的欣赏。

（1）在欣赏中感受鱼的色彩。

师：你觉得这些鱼漂亮吗？哪里漂亮？你看一看它们身上都有哪些颜色？

（2）欣赏鱼不同的身体造型。

师：除了颜色不同，那我们来看看这些鱼的身体形状都一样吗？都有什么形状？看起来像什么？

师：你知道小鱼在水里用什么游泳吗？它们的尾巴一样吗？有什么不同？在鱼身体的上面、下面、后面还有什么？

师生共同小结：鱼有各种各样的颜色，有红色、黄色、蓝色……有的鱼身体圆鼓鼓的，像只皮球、像个大圆盘；有的鱼的身体是椭圆形的，像柠檬、像橄榄球，还像一片树叶；还有的鱼身体是三角形的，它们身体的上面、下面、后面都有鳍，很漂亮。

（3）重点欣赏热带鱼身上的花纹，幼儿个别讲述。

师：再仔细看看这些美丽的鱼身上都有哪些花纹？

师小结：小鱼身上的花纹有的是一条条的，有的是一点点的，有的是一圈圈的，条形花纹有的粗，有的细，有的竖着，有的横着，圆形的花纹，有的点点很小很密，有的圆点大一些；还有的鱼身上有许多五颜六色的色块，真漂亮。

3. 交流讨论自己喜欢的鱼，自主创作并用丰富的色彩以及简单的点、线条和色块装饰自己喜欢的鱼。

师：想一想，你想画一条什么样的鱼？想给它画上什么颜色什么式样的花纹呢？

师：尽量要把鱼的身体画得大大的，然后在鱼身上画上你喜欢的、美丽的花纹。

4. 出示海底世界背景底版，幼儿展示分享作品。

师：你喜欢哪条鱼？你为什么喜欢它？请你介绍它是什么样子的？

活动延伸：

鼓励幼儿在美工区用超轻黏土制作自己喜欢的鱼。

（三）5～6岁（大班）

在5～6岁幼儿图案装饰画的内容设计上，主要是引导幼儿学习用一些较复杂的、具有民族特色的底纹，有规律地装饰各种几何图形（如圆形、正方形、长方形等）纸张和生活用品，如图3-25、图3-26所示。

为大班幼儿设计图案装饰画的内容时，应侧重于构图的变化。在选择颜色时，应在鲜艳中求和谐。大班幼儿开始学习在更复杂的几何图形（如椭圆形、菱形）的中心、角上、边缘装饰图案。过一段时间后，可以让幼儿在菱形纸上装饰图案。菱形的四个角大小不一样，不容易被幼儿掌握，所以必须要幼儿掌握菱形两角相对称的特点，然后才能画出适合于菱形的花纹图案。教师也可以设计一些生活用品的题材，如装饰茶壶、袜子、拖鞋等。在色彩的设计上可以用同类色和近似色装饰画面内容，使画面色彩和谐、层次清楚。

图 3-25　图案装饰画《茶壶》　　　　图 3-26　图案装饰画《茶壶》

（蓓蕾幼儿园西瓜一班 陶栖漾）　　　（指导教师：蓓蕾幼儿园 卿茜）

 **活动案例**

大班绘画活动：《树丛中的大象》

活动目标：

1. 认知目标：认识大象的外形特征。

2. 能力目标：画出不同动作形态的大象，能有序地在大象的身体各部位进行分层装饰，并尝试使用树叶拓印装饰背景。

3. 情感目标：感受拓印和线描结合的作品美，喜欢装饰画活动。

活动准备：

1. PPT 课件。

2. 各种形状的树叶、水粉颜料。

3. 卡纸、勾线笔、油画棒。

活动过程：

1. 猜谜导入，激发幼儿活动兴趣。

师：你是怎么猜出大象的？都有什么特征？

2. 播放 PPT，欣赏大象的不同形态的图片。

（1）播放图片，引导幼儿观察大象的不同形态。

师：这里有几张大象的照片，你最喜欢哪一幅？

师：他们都在哪里？在干什么？它做了什么动作？请你来学一学。

3. 出示艾玛大象的多张图片，讨论让艾玛大象图案丰富的方法。

（1）出示艾玛大象的多张图片，讨论艾玛大象的装饰图案。

（2）自主设计大象的图案，幼儿讨论交流设计图案。

师：可爱的大象今天要参加艾玛大象的森林舞会，一个个都穿上漂亮的衣裳正走在树丛中，那我们想想，想为大象设计什么样的衣服花纹呢？

（3）师幼讨论分层装饰的方法。

师：在装饰的时候，有很多的点、线、形状、图案，你觉得怎样画出这么复杂又好看的图案呢？

师：第一层画什么？怎么画？第二层怎么画？第三层画什么？怎么画？

4．幼儿勾画大象的形态，引导幼儿有规律地运用点、线、面进行装饰，鼓励幼儿选择喜欢的树叶蘸颜料拓印森林背景。

5．展示幼儿作品，评价交流。

师：你们最喜欢哪一只大象？为什么？它在干什么？用了什么好看的装饰图案？是怎么排列的？

活动延伸：

鼓励幼儿在拓印的树叶印画上进行线描装饰，丰富画面。

第三节　学前儿童绘画活动过程的设计

学前儿童绘画活动的设计基于学前儿童绘画能力的发展，并符合学前儿童绘画创作的心理过程，做到有的放矢，水到渠成。

一、学前儿童绘画创作的心理过程

孔起英教授在其著作《幼儿园美术领域教育精要——关键经验与活动指导》中指出："幼儿的美术创作是指幼儿在头脑中形成审美心理意象（主题内容），使用艺术的形式要素（形、色等）、艺术的工具和材料将它们重新组合，创造出对其个人来说新颖独特的艺术作品。"包含艺术视知觉阶段、艺术反思阶段、艺术表达阶段。

（一）艺术视知觉阶段

绘画创作依赖于原材料，原材料通过视觉器官所进行的知觉活动来获取，绘画中的视知觉活动指"视觉对对象的形状、色彩、光线、空间、张力等审美属性及其所组成的完整形象的整体性把握"。学前儿童具备这样的视觉思维能力，他们能基于个体经验观察、感知、发现事物的完整结构特征，然后对原型的一些特征进行概括性地、变通性地表现。缺少对感性世界的观察与体验，绘画活动无从开展。因而，在头脑中储存大量具有生成性和创造性的审美意向是学前儿童艺术视知觉阶段的重要任务。

（二）艺术反思阶段

创作者通过视知觉得来的原材料进入大脑进行加工、改造的过程即艺术反思过程。学前儿童具有自我中心的特点，思维具有直观形象性，他们认为一切事物都与自己一样具有相同的心理，都是有生命的。因而他们易于对外界视觉现象倾注情感体验，使审美意向更加鲜明生动，也激发他们的创作热情；接着，他们会对审美表象展开形式分析，搜寻已有图式，并通过变形、分解、组合、联想等方式进行改造，确定用什么造型、色彩和构图来表现自己的审美意向。

（三）艺术表达阶段

绘画表达是绘画创作过程的最后一个阶段，通过笔、纸等绘画工具和材料及造型、色彩和构图等艺术语言，将它们知觉的外部世界和情感表达出来，这是一种操作实践活动。

二、学前儿童绘画活动的设计

无论是绘画集体活动，或是美术区域活动中的绘画活动，还是渗透在角色扮演游戏、表演游戏、建构游戏或是主题活动的探索过程中的绘画活动，均应出于对学前儿童绘画能力的发展特点的把握，符合学前儿童绘画创作的心理过程。这里以绘画集体教学为例，学前儿童绘画活动包含感知欣赏——体验加工——操作表现——评价交流四个部分。

（一）感知欣赏

围绕活动的主题，教师首先需要通过多样的途径丰富学前儿童的审美表象，帮助学前儿童在头脑中储存足够的审美意向。在具体的绘画活动中，可以选择参观、散步等方式接触与绘画主题内容相关的自然环境和社会环境，也可以采用实物、图书、视频、模型等引导幼儿直接感知观察，经验回忆与交流也是不错的方法。感知欣赏环节，教师应注意以下几个方面：

（1）尽量提供幼儿能多感官参与观察的感知对象。

（2）感知欣赏的内容在于事物的审美特征，与科学观察不同，应包括形状、色彩、空间等形式要素及其所表现的对称、均衡、节奏、多样统一等模式，事物的主题、情节、形象等内容要素以及这些内容和形式表现出的情感因素。

（3）使用启发性的提问引导幼儿按照合理的顺序进行感知欣赏，比如从上到下、从远到近、由整体到局部等。

（4）结合本班幼儿的经验与绘画能力特点，研究绘画活动的重难点，感知欣赏的侧重点与绘画活动的重难点相一致。

（二）体验加工

在感知欣赏的基础上，教师引导学前儿童进行审美情感的体验，帮助他们理解事物的情感表现性，更进一步达到审美愉悦，激起创作的冲动，并引导学前儿童对内在表象进行加工改造，创立创作意向。

（1）教师可以表达自己的审美情感感染学前儿童。

（2）引导学前儿童进行移情和拟人，赋予感知对象生命活力。

（3）运用动作、语言、表情等形式帮助学前儿童加深对审美对象的体验与理解，理解和尊重幼儿在欣赏艺术作品时的手舞足蹈、即兴模仿等行为。

（4）营造宽松的氛围，通过交流讨论，引导学前儿童对内在表象进行变形、分解、组合和联想，产生新的创作意向，教师应该领会并尊重学前儿童新颖、独特的想法，并加以肯定，促进其进一步的完善。

（三）操作表现

操作表现便是学前儿童用手操作绘画工具材料，表现创作意向的手、眼、脑并用的实践过程，但他们有时不按照预想和计划来进行，而是根据自己构思与表达过程中出现的问题不断地进行调整。

（1）教师不要随意打断学前儿童，让他们完全沉浸在绘画创作中。

（2）观察学前儿童的绘画创作过程，在他们需要的时候，教师可以灵活运用示范法、讲解法、同伴榜样法、讨论交流法等为幼儿提供分层指导。

（四）展示分享

《3-6岁儿童学习与发展指南》在艺术领域中指出："展示幼儿的作品，鼓励幼儿用自己的作品或艺术品布置环境。"在学前儿童绘画活动中，幼儿教师要为学前儿童提供展示分享的机会，让学前儿童体验绘画创作的成功感与愉悦感，并鼓励他们在分享交流中大胆表达对他人作品的感受，总结、扩展绘画经验。

（1）学前儿童是展示分享的主体，尽量多地提供学前儿童分享自己作品、评价他人作品的机会，比如，教师可通过提问来引导："你最喜欢哪幅绘画作品？为什么？""谁愿意来分享一下你的作品呢？"

（2）教师应做出具体的评价，评价交流的重点与绘画活动目标相一致，帮助幼儿积累新的绘画经验。

（3）学前儿童展示自己的作品时，教师可以给予自主权，可以自主选择展示位置与方法。

 活动案例

大班绘画活动：我们的运动会项目

活动目标：

1. 认知目标：了解常见的运动姿势，运用语言、身体动作、绘画等方式表现运动项目的具体动作。

2. 能力目标：用吹塑纸油印画的版画的拓印方法，表现创意运动项目的动态特征，并添画运动会背景。

3. 情感目标：感受设计运动项目的创意美。

活动准备：

1. 经验准备：幼儿通过电视或现场观看运动比赛。

2. 物质准备：比赛项目的图片展、吹塑纸板若干、各种颜色的底板纸、黑油墨、胶滚、夹子。

活动过程：

1. 游戏《运动项目大竞猜》：根据同伴做的运动动作，猜出运动项目名称。

2. 欣赏多种运动图片，引导幼儿用语言和动作表现具体动作。

师：这里还有一些运动员的照片，看一看他们在做什么运动呢？

（1）同伴讨论：我最喜欢的运动。

师：你最喜欢哪一幅图，他在做什么？请和你的好朋友说一说。

（2）集体分享：介绍喜欢的运动项目所表现出来的具体动作。

师：你喜欢哪一张图片？他在做什么？他是怎么做的？你觉得像什么？请你来试一试。

师小结：运动的种类有很多，有的是单人完成的，有的是双人合作完成的，小朋友们在锻炼的时候也可以选择和好朋友一起哦！

3. 集体讨论，为即将召开的运动会设计趣味运动项目，并鼓励幼儿做出动作。

师：我们的趣味运动会就要召开了，我们就是运动会的主人，你们想玩一些什么运动项目呢？开动脑筋想一想吧！

4. 回忆吹塑纸油印画的版画制作步骤与方法，创作运动项目，并添画运动会背景。

师：注意用胶滚的时候要滚匀油墨，拓印时要稍微用力，直到底板透出油墨的颜色。

5. 幼儿展示分享设计的运动项目。

师：请你们来分享一下设计的新项目，并做一做运动项目的典型动作。

第四节　学前儿童绘画活动的指导

命题画、情节画和图案画具有各自的特点与功能，因而对学前儿童的指导也有所差异。教师需要结合学前儿童绘画能力的发展特点，结合各绘画种类操作表现的侧重点进行有针对性的指导。

一、物体画教育活动的注意事项

1. 幼儿通过观察绘画对象、基本形象特点，使用基本图案组合表达出来

对于小班幼儿来说，吸引他们的兴趣，使他们喜欢观察、喜欢绘画是最重要的。这一阶段，教师利用情节进行导入显得尤为重要。对于中大班幼儿来说，重点是引导他们仔细观察要描绘的物体，再通过讨论，让他们理解如何利用几何图形的变化和组织表现观察物体的形象。

2. 引导幼儿用线条画出基本轮廓，加以色彩表现出画面的和谐美

小班幼儿学习物体画时应先用线条描绘出物体的基本特征。描绘物体画时，可以描绘出物体的固有色，也可以是幼儿喜爱的颜色。到了中班、大班，随着幼儿经验的增长，他们能观察到色彩对绘画表现力的影响，他们会选择冷暖色调装饰，也有些幼儿会使用同色系进行装饰。

二、情景画教育活动的注意事项

1. 通过集体讨论，鼓励幼儿进行回忆，引发联想

在进行情景画教学时，教师可以带领幼儿对情景画的主题进行讨论，如动物大世界，教师应创设宽松的氛围，让家长带领幼儿观赏动物园的动物，然后幼儿进行讨论，如动物园内都有哪些动物，每个动物有什么不同，每个动物有什么喜好等，以帮助幼儿确定绘画主题。在讨论的过程中要鼓励幼儿大胆想象和创造。教师可以通过谈话、讨论、图片欣赏等方式，让幼儿对自己的想法进行构思和表现。

2. 营造愉快的学习氛围，鼓励幼儿按照自己的想法进行创作

幼儿对情景画充满好奇和兴趣。在美术教学活动中一般是以情景画为主，情景画有着统一的内容及表现对象，满足了幼儿的心理需要，情景画更能体现幼儿的愿望和需要。幼儿由于生活环境、性别的不同，在爱好上也各具差异。比如：男孩比较喜欢画一些形状不同的车、奥特曼打怪兽、各种各样的武器等；女孩比较喜欢画公主、城堡、花朵、可爱的卡通人物等。又如：幼儿坐飞机就会发现蓝天和白云；去游乐场玩就会认识电动玩具；去海边玩就可以捡到五颜六色的贝壳、海星等。这些活动都可以通过绘画的语言表达出来。因此，作为教师应大胆鼓励幼儿用心创作，抒发他们的情感。

3. 通过交谈、提问、讨论的形式，帮助幼儿构思、设计画面

画情景画对教师的指导要求很高。每个幼儿的绘画水平不同，在绘画过程中的表现力也会不同。为了使幼儿有较大的提高，能体验成功带来的乐趣，教师应在绘画过程中予以个别的指导，帮助幼儿克服绘画中的问题，从而提升他们的成就感；或者是指导他们明确构图内容等。教师也可以利用分组的形式，让幼儿进行讨论、相互帮助。

4. 尊重幼儿对于情景画的讲述及表达自己的创作意图

幼儿的想象力超乎成人的想象，他们天马行空的想象力常常令人惊叹。情景画不

是通过作品就会让所有人体会作者的创作意图。因此，让幼儿讲解便成为重要的一个环节。讲解的目的不是让教师和其他人理解绘画的内容，主要是让幼儿进一步表达自己的情感，获得成功的喜悦，同时也使他们增加对绘画的喜爱之情。

三、图案装饰画教育活动的注意事项

1. 通过讨论、欣赏等多种形式，让幼儿了解图案装饰画的形式美

在欣赏活动中，教师可以引导幼儿欣赏大自然中的自然景物，观察具有中国风的民间艺术品、民族服饰等。在这些活动中，幼儿会发现点、线、面以及图案的变化。比如：面具中图案的对称与均衡，色彩的变化；自然景物中植物、动物的纹样、线条的不同；工艺品的图案、纹样反复变化带来的美。幼儿园内应设置美工区域，让幼儿常常接触装饰活动，培养一定的绘画兴趣，掌握基本的绘画技能等。在装饰活动中，教师起着引导和帮助的作用。在创设美工区域装饰墙时，可以选择幼儿的作品作为装饰物。

2. 从身边入手选择幼儿感兴趣的内容、材料

在日常生活中，可以提供给幼儿的装饰材料有很多。比如：生活用品中的帽子、衣服、雨伞、茶杯等；废旧物品中的矿泉水瓶、报纸、纸盒、吸管等；自然界中的树枝、石头、鸡蛋等。装饰的平面物体有很多种，可以是方形的布匹、卡纸、手帕等，也可以是圆形的一次性纸碟、帽子、雨伞、扇子等，还可以是其他形状的装饰物。

3. 注重幼儿装饰技能的掌握，更注重幼儿的创造性

在装饰画活动中，教师应注重对幼儿创造性的培养。装饰画重视图案的装饰规律、图案性的掌握，但这一点常常被教师忽视。图案装饰画教学是美术教育的重要组成部分，我们应该遵守美术教育活动的基本原则和目标，鼓励幼儿在欣赏美的同时创造美。

 思考练习

一、选择题

1. 某5岁儿童画的西瓜比人大，画的两排尖牙齿在人体上占了大部分，这表明此时儿童画的特点是（　　）。【2015年下半年幼儿教师资格考试真题】

　　A. 感觉的强调和夸张　　　　　　　B. 未掌握画面布局比例

　　C. 表象符号的形成　　　　　　　　D. 绘画技能稚嫩

2. 一名幼儿画小朋友放风筝，将小朋友的手画得很长，几乎比身体长了3倍，这说明了幼儿绘画特点具有（　　）。【2016年上半年幼儿教师资格考试真题】

　　A. 形象性　　　　B. 抽象性　　　　C. 象征性　　　　D. 夸张性

3. 小彤画了一个长了翅膀的妈妈，教师合理的应对方式是（　　）。【2017年下半年幼儿教师资格考试真题】

　　A. 让小彤重新画，以使其作品更符合实际

　　B. 画一个妈妈的形象，让小彤照着画

　　C. 询问小彤画长翅膀的妈妈的原因，接纳她的想法

D. 对小彤的作品不予评论

4. 菲菲在幼儿园绘画活动中用很长的波浪线画小草，王老师认为她画得不像，教她用三根小短线形成的三叉作为小草，这更像现实生活中的小草。老师的做法（　　）。【2017年安徽合肥幼儿教师编制考试真题】

A. 教会了菲菲正确画小草的方法

B. 尊重菲菲自己的想法

C. 矫正了菲菲对小草的错误感知

D. 过于强调画画技能，损害了幼儿的绘画兴趣

6. 幼儿绘画时，总认为是客观存在的东西就必须把它画出来，其视线就像 X 光一样能照射任何东西似的，这种表现称为（　　）。【2017年福建幼儿教师编制考试真题】

A. 拟人化　　　　B. 透明画　　　　C. 展开式　　　　D. 夸张法

7. 以下关于幼儿美术活动描述错误的是（　　）。【2016年浙江幼儿教师编制考试真题】

A. 小班幼儿应以实物画为主

B. 大班幼儿应以情节画为主，并增加意愿的成人

C. 大班幼儿要求画出物体的某些细节

D. 小班幼儿要求画出物体的基本部分和主要特征

8. 绘画时，幼儿常常会将无生命的物品赋予生命的情感，这是幼儿绘画特殊画法中的（　　）。【2016年安徽安庆太湖幼儿教师招聘考试真题】

A. 拟人化　　　　B. 透明画　　　　C. 夸张式　　　　D. 展开式

9. 在"秋天的树"美术活动中，教师不适宜的做法是（　　）。

A. 让幼儿按照教师的范画绘画

B. 组织幼儿观察幼儿园的树

C. 提供各种树的照片，组织幼儿讨论

D. 引导幼儿观察有关树木的名画

10. 幼儿绘画中，彩笔画和棉签画是按（　　）区分的。

A. 内容　　　　B. 工具材料　　　　C. 命题　　　　D. 意愿

11. 学前儿童美术教育中教师应引导大班幼儿在绘画时（　　）。

A. 区分主题色和背景色　　　　　　B. 用深浅、冷暖色搭配作画

C. 用多种颜色作画　　　　　　　　D. 大胆下笔

12. 幼儿园绘画创作过程的指导中，教师设计系列课题，如"在月亮上荡秋千""假如你长了翅膀""设计一种没用过的家用电器"，主要是用来激发儿童（　　）。

A. 学习美术技能的动机　　　　　　B. 掌握知识的动机

C. 想象的动机　　　　　　　　　　D. 观察的动机

13. 幼儿创作的图画形状开始复杂化、形状数量增加，并试图将简单形状如三角

形、方形等以一定的方式进行组织，具有一定的表现意义。这说明其处于（　　）

A. 涂鸦期　　　　B. 象征期　　　　C. 图式期　　　　D. 写实期

14. 在幼儿的一幅画中，爸爸盖着被子躺在床上，但是看上去爸爸如同盖了一块透明的布一样，我们仍能直接看到爸爸的身体。这说明幼儿绘画能力处于的阶段是（　　）。

A. 涂鸦期　　　　B. 象征期　　　　C. 图式期　　　　D. 写实期

15. 关于儿童涂鸦期指导策略阐述错误的是（　　）。【2015年江西幼儿教师招聘考试真题】

A. 提供适当材料目标　　　　　　　　B. 鼓励儿童动作，不做其他刺激

C. 练习简单的绘画技能　　　　　　　D. 用童心对待儿童的涂鸦行为和作品

二、判断题

1. 幼儿绘画时，不能提供范画，不应要求幼儿按照范画进行绘画。（　　）【2017年重庆开州幼儿教师招聘考试真题】

2. 线条是中小班儿童画中最基本的成分。（　　）【2016年安徽安庆太湖幼儿教师招聘考试真题】

三、材料分析

1. 根据以下儿童绘画作品回答问题。【2016年上半年幼儿教师资格考试真题】

图1 打针　　　　　　　图2 聚餐　　　　　　　图3 吃饭

问题：

（1）上述三幅画各反映出幼儿绘画的哪种表现方式？

（2）怎样理解幼儿的绘画？

（3）评价幼儿画时应注意什么问题？

2. 主题活动中，中班幼儿对画汽车产生了兴趣。为了提升幼儿的绘画能力，郭老师提供了面包车的绘画步骤图，鼓励每个幼儿根据步骤图画出汽车。【2018年上半年教师资格考试真题】

图1　　　　图2　　　　图3　　　　图4

（1）郭老师是否应该投放绘画步骤图？为什么？

（2）如果你是郭老师，你会怎么做？

 **实训任务**

设计与组织绘画活动

【任务描述】

学生以小组为单位，根据幼儿教师资格考试面试试讲真题材料，设计一个绘画活动，拟写活动方案并进行试讲。

> 题目：绘画活动《宝贝爱运动》
>
> (1) 设计一个与主题相关的绘画活动。
>
> (2) 模拟面对幼儿进行互动，引导幼儿作画。
>
> 基本要求：
>
> (1) 根据需要进行绘画，要求绘画作品能突出活动场景，有一定创意。
>
> (2) 请在十分钟内完成上述任务。

【任务准备】

学生任务分配表

班级		组号		指导教师	
组长		学号			
组员	姓名	学号	姓名	学号	
任务分工					

【任务单】

任务工作单1　分析题目

组号：_____　　　姓名：_____　　　学号：_____　　　检索号：__3-1__

引导问题：

（1）小组讨论，分析题目，确定这个题目适宜哪个年龄班幼儿？并说出原因。

_____

_____

_____

_____

_____

_____

_____

_____

_____

_____

_____

_____

_____

（2）小组讨论，请根据确定的年龄班，设计绘画活动的目标。

_____

_____

_____

_____

_____

_____

_____

_____

_____

_____

_____

_____

任务工作单 2　制定活动方案

组号：_____　　姓名：_____　　学号：_____　　检索号：__3-2__

引导问题：

小组讨论，制定适宜的活动方案。

活动名称	
活动目标	
活动准备	

<table>
<tr><td colspan="2" align="center">活动过程设计</td></tr>
<tr><td colspan="2" style="height:900px"></td></tr>
<tr><td>活动延伸</td><td></td></tr>
</table>

任务工作单 4　实施活动方案

组号：＿＿＿＿＿＿　　姓名：＿＿＿＿＿＿　　学号：＿＿＿＿＿＿　　检索号：＿3-4＿

引导问题：

（1）活动方案小组模拟试讲。

（2）欣赏优秀案例活动，并填写活动反思表。

对比优秀案例活动，并填写下表。

活动反思表

序号	活动方案要素	案例优点	你的问题	原因分析

第四章
学前儿童手工活动的设计与指导

【案例引导】

芳芳老师是学前教育专业二年级学生，实习期间，正值中二班开展"秋天真美丽"主题活动，她设计手工活动《秋天的菊花》。芳芳老师带领幼儿欣赏观察菊花的图片，然后讲解示范制作菊花的过程，沿直线剪出长条，用圆珠笔笔芯卷出花瓣，以卡纸上提前粘贴的红点为中心点粘贴出多层花瓣。在幼儿制作过程中，用笔芯制作卷曲的花瓣存在困难，在围绕中心点粘贴放射状花瓣更是困难，比如有一个小男孩制作的作品（图4-1）。芳芳老师忙着一个一个指导，可是，40分钟过去了，孩子们大都没有完成，都觉得很沮丧。

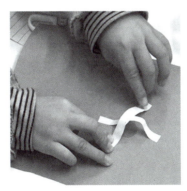

图4-1　幼儿作品

问题到底出在哪里呢？遇到这样的情况我们该怎么办呢？请你帮芳芳老师找找原因。教师需要充分了解幼儿的已有经验和操作水平，提供适宜的手工工具和材料，设计有趣且让幼儿既感到有挑战性又能获得成就感的手工活动。学前儿童的手工能力存在较大的个体差异，教师怎样根据不同的手工内容对不同的孩子进行指导呢？我们一起探索学习吧！

【学习目标】

知识目标：

1. 理解和掌握学前儿童手工发展的阶段与特点。

2. 了解不同类型学前儿童手工活动的含义、特点与指导要点。

能力目标：

1. 能根据学前儿童的手工发展特点，分析学前儿童作品。

2. 结合学前儿童的手工发展特点与美术学科特点，能设计适宜的学前儿童手工活动方案。

3. 能动态观察幼儿的手工制作过程，进行适宜的分层指导，尝试解决活动实践中的具体问题。

思政目标：

1. 实事求是，在分析学前儿童手工作品时，客观科学公正，不凭主观臆断。

2. 树立"儿童中心"的教育立场，设计与指导学前儿童美术活动时做到尊重儿童，心中有儿童。

3. 实施与指导学前儿童手工教育活动时做到行为举止大方得体，为人师表。

4. 培养活动实践的创新精神与反思意识。

【思维导图】

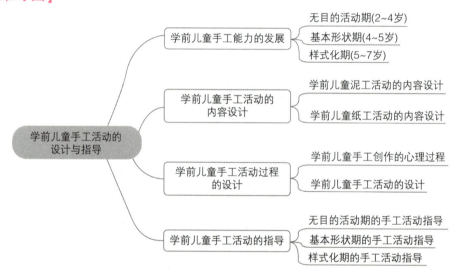

学前儿童手工活动是指教师引导学前儿童使用不同的手工工具和材料（如点状、线状、面状、块状），运用撕、贴、剪、折、塑等方法制作平面或立体造型，培养学前儿童审美创造力和动手能力的美术活动。手工活动根据手工材料的不同可以分为泥工、纸工、布工、木工、综合性手工制作等，其中泥工、纸工、综合性手工制作最为常见，幼儿园中也会出现大量手工和绘画结合的艺术表现形式；手工还可以分为平面手工和立体手工。手工活动中最常见的工具有刀、剪刀、泥工板、切片尺、胶水、笔、牙签、木棒等；运用于手工活动的材料从外形上可分为点状材料、线状材料、块状材料、面状材料等，其对应的基本制作方法如表4-1所示。

表 4-1　手工材料及对应的制作方法

手工材料类型	材料内容	制作方法
点状材料	沙子、石子、小珠子、纽扣、谷物、果核、种子、木屑、贝壳、瓶盖等	串连、拼贴、粘接、镶嵌、垒积等
线状材料	绳、棉线、毛线、火柴棒、毛根、树枝、柳条、高粱秆、麦秸、细铁丝等	编织、盘绕、拼贴、拼接、插接等
面状材料	纸、布、树叶、花瓣、羽毛、刨花、塑料薄膜等	剪、撕、折、染、卷、粘贴、插接等
块状材料	泥、面团、石块、木块、水果、蔬菜、蛋壳、瓶子、纸杯、纸盒、核桃、乒乓球等	塑、刻、拼接、组合、串连、剪等

第一节　学前儿童手工能力的发展

　　了解学前儿童手工能力的发展阶段与特点是设计学前儿童手工活动的重要前提。学前儿童很早就萌发了手工活动的意愿，从撕纸、反复玩弄手中的泥块，到用手工工具、材料制作出手工作品，他们的动手能力逐步提高，技能日趋成熟。学前儿童手工的发展具有一定的规律性，当然，也因学前儿童的动手能力、认知能力、手工经验等不同，呈现出较大的个体差异。学前儿童的手工能力发展大致分为无目的的活动期、基本形状期和样式化期。

一、无目的活动期（2~4 岁）

　　该阶段幼儿手部肌肉发育不完善，认识能力也很有限，在进行手工活动时并没有明确的目的或意识，只是以纯粹的玩耍为主，享受材料变化和工具探索的乐趣。他们不理解手工工具和材料的性质，还不能正确地使用这些工具和材料，不能有目的地制作出手工形象。此阶段的幼儿在手工材料探索过程中，时而伴随自己的想象。例如，妮妮拿上彩色纸玩，过了一会儿，把扯下来的大大小小的纸片和纸屑放到塑料玩具盘子里，跑到妈妈面前说："妈妈，吃吧！"当妈妈问："这是什么呀？"妮妮回答："炒饭！"

1. 泥塑

　　在泥塑活动中，此阶段的幼儿只是手握或拍打，或用抠、掰、戳、压、揉、捏等动作进行探索，感受油泥、陶土或黏土的特性，体验它们的形态发生的变化。到这个阶段的末期，幼儿能进行团圆，制作出大大小小的不规则的圆球，也开始尝试搓长、压扁、粘合等，与绘画发展的涂鸦期非常一致。

2. 撕纸

最初，幼儿往往只是拿着纸翻来覆去地玩或者干脆撕成小碎片，在这个玩耍的过程中，感受纸张由大变小、由长变短的变化过程。在撕纸过程中，他们会使用扯、拽等方法将纸分开，幼儿还会因四指与手掌握纸、两手对捏距离过大、向纸的两侧撕等撕的方式不对而撕不开。逐渐地，在成人的指导下，能用拇指和食指对捏撕出点状物或条状物。

3. 剪纸

在成人指导下，能学习拿剪刀的方法，但还不会正确使用。纸和剪刀不能配合，纸张常常从剪刀里滑出来或剪不开，即使剪开，也不是如愿的纸形。

4. 折纸

在折纸活动中，此阶段的幼儿会随意折一折，变一变，开始尝试对边折、对角折，但不够规范，角和角、边和边经常错开，不能对齐。

5. 粘贴

起初，此阶段的幼儿还没有明确的表现意图，通常粘贴块面大的图形或材料，把材料往纸上粘贴的时候顾及不到粘贴的顺序和位置，一般不太注意图形的正反效果；拿起纸片就急于涂抹胶水，胶水比较集中在图形的中间区域，容易粘贴不牢，粘贴材料容易翘起；还容易用粘有胶水的小手去抚按画面，整理形象。可以使用纸屑、瓶盖、纽扣等点状材料进行粘贴，在成人的指导下，可以运用搓、团、捏、拧等方法制作纸球、棉团、纸绳等进行粘贴表现一定的物象。

二、基本形状期（4～5岁）

这时的幼儿从无目的动作逐渐呈现出有意图的尝试，他们对手工活动的兴趣越来越强，会使用自己熟悉的工具材料，创造出一些简单的物体形象。在制作前能够计划自己将要做什么，然后开始制作，但制作过程中有时会边制作边思考，改编最初的制作计划。由于他们的动手能力较弱，手工作品和此阶段的绘画作品一样，稚拙感很明显。

1. 泥塑

此阶段的幼儿在泥塑、撕纸、粘贴方面的表现优于折纸、剪纸。在泥工方面，幼儿进入团圆、搓长的阶段，制作出圆形、棒状，并使用圆形泥塑和棒状体进行简单连接、组合，形成简单的物体形象，比如小猫、小狗、娃娃等。逐渐地，棒状体开始出现粗细、长短等变化。由于幼儿手的动作发展不成熟，这些形象多为平面造型，整体感不强，还不能表现形象的细节，与绘画时期的"蝌蚪人"非常相似。

2. 撕纸

该阶段的幼儿双手指尖的配合会越来越灵活，能控制纸张向两个方向用力撕动，并能较为流畅地撕出长条状，表现出一定的长度和宽度。能根据自己的意愿撕出简单的形状，线条粗糙稚拙，但可以组合粘贴成简单的物体形象。

3. 剪纸

4～5岁的幼儿通过反复的练习，能正确使用剪刀，逐渐能控制剪刀张与合，但在较长的时间内，都只能沿直线剪。在教师指导下，有的幼儿可以沿着轮廓剪出简单的形象，但线条不流畅。

4. 折纸

在折纸活动中，该阶段的幼儿可以较为整齐地对边折、对角折，在成人的引导下，可以尝试集中一角折、双三角形折、双正方形折，能识别简单的折纸步骤图的符号和线条的含义。

5. 粘贴

4～5岁的幼儿能较为准确、适量、均匀地涂抹胶水，较好地完成粘贴任务，并且开始关注粘贴作品的整洁，粘贴的位置有时还不够恰当。在成人的引导下，拼摆组合粘贴材料，粘贴成简单的形象，还可以用粘贴材料进行装饰，会出现对称、间隔、中心花纹、中心放射等方法。

三、样式化期（5～7岁）

随着学前儿童手部精细动作、手眼协调能力的增强，以及手工活动经验的积累，这个阶段的幼儿表现的兴趣更加浓厚，他们越来越喜欢用各种工具和材料进行制作，表达自己的意愿。他们甚至不满足于一两种手工技能制作简单的物体形象，开始尝试制作具有立体感、空间性的作品，还会综合运用剪、折、捏、挖、粘、接、贴等多种技能，使用纸盒、纽扣、羽毛、瓶子等多种工具材料制作复杂的物体形象，并组合成场景，表现一定的主题情境，进行丰富多彩的创造表现。

1. 泥塑

在泥塑活动中，此阶段的幼儿能搓出各种弯曲、盘旋的棒状物，并用棒状物以一定的角度倾斜相交。他们还能制作出立方体和圆柱体，组合成一些复杂的物体形象。在组合连接时，能用较为流畅的方法制作出整体性较强的物体形象。他们还会借助于辅助工具来表现物体形象的细节特征。

2. 撕纸

在撕纸活动中，该阶段的幼儿能根据自己的计划和意愿较为灵活地撕出不同形状，且线条越来越流畅，并能综合运用各种形状组合拼贴出不同的造型。在成人的指导下，能尝试用对称折叠的方法撕出图形和窗花。

3. 剪纸

在剪纸活动中，该阶段的幼儿已经能够熟练地使用剪刀，不仅能连续剪直线，而且能双手配合剪曲线，能剪出自己想要的形状，可以通过折叠剪出对称图形、四方连续纹样等。在教师的指导下，能进行自由创作进行剪纸，设计镂空图案等。

4. 折纸

在折纸活动中，该阶段的幼儿能根据折纸的图示符号，尝试用单张纸折叠较为复杂的造型。在成人的指导下能尝试用两张纸折叠后进行组合。

5. 粘贴

这一阶段的幼儿能较熟练地使用粘贴工具与材料，能根据自己的意愿综合使用各种工具、材料和技法，表现形象的特征与细节，并能进行组合表现简单的情节。

第二节　学前儿童手工活动的内容设计

根据学前儿童手工能力发展的阶段特点及设计的学前儿童手工教育目标，系统设计学前儿童手工活动中泥工、纸工、粘贴的具体内容。

一、学前儿童泥工活动的内容设计

泥工是运用泥进行的塑造活动，亦即以黏土、超轻黏土、橡皮泥、面团等为材料，用压、团、搓、捏、拉等手法来塑造形体的一种表现形式。

泥工活动是学前儿童最常见的立体造型活动，主要目的在于引导学前儿童掌握用简单的工具和手塑造各种物体形象的方法，帮助学前儿童认识事物，形成空间概念；学前儿童在操作相应的工具材料时，锻炼手部肌肉动作的灵活性，发展手眼协调能力；泥工活动的内容要根据学前儿童不同年龄阶段来设计。在泥工活动中，学前儿童还能创造性地表现自己对事物的认识，促进想象力和创造力的发展。

图4-2　泥塑

（一）泥工的材料

幼儿园常用的泥工材料主要有橡皮泥、纸黏土、陶泥和面泥等。

1. 橡皮泥

橡皮泥是一种人工合成的可供儿童使用的油性泥工材料，颜色鲜艳，易于造型。但橡皮泥在气温较低时会变干硬，在气温较高时会变软发黏，因而需密封保存。如果橡皮泥变得干硬或软黏，可以在使用前对其进行简单处理，将橡皮泥放在塑料袋中扎紧，放入热水或冷水中浸泡一会儿，以改变其太硬或太软的状态。

2. 纸黏土

纸黏土是在纯木浆或纸浆中加入黏合剂人工合成的一种泥工材料，质轻柔软，颜色丰富，可塑性强，自然风干后不会出现干裂，还可以在作品风干后用水彩、广告颜料等上色。

3. 陶泥

陶泥是用于专业塑造陶器的矿物质黏土材料，细腻柔软，可塑性强，需要阴干，干透后的陶泥作品可以进行彩绘。制作好的陶泥作品可以放入烤箱中烘烤，生成质地坚硬、色彩艳丽的彩陶作品，不易变形，可长久保存。

4. 面泥

面泥捏塑在我国历史悠久，幼儿园教师可以自制面泥作为幼儿泥工的材料，既环保又安全。用小麦面粉或糯米粉加适量的水、凡士林油、化学色素或食用色素搅拌均匀，反复揉搓，即可制成软硬适中的面泥。如想要面泥颜色艳丽、柔韧性好，可以加适量的食盐；如想面泥可以重复使用，可加入适量的防腐剂；如使用可食用材料，并且在制作过程中能保证安全和清洁卫生，可以将作品蒸熟供幼儿食用。

（二）泥工的工具

如果没有专用的泥工教室，可在桌面上铺一块塑胶桌垫，以保持桌面干净整洁，让孩子操作更加放松自如。泥工基本工具包括泥工板、竹签、小木棒、泥工刀、湿布、各类轧花工具、分泥器等。常见的辅助材料包括牙签、绳线、纽扣、瓶盖、羽毛、小梳子、贝壳、木棍、坚果壳等。

（三）泥工的基本技能

学前儿童的泥工基本技能主要包括以下几点。

团圆：将泥放在两手手心中间，双手手掌用力匀速转动，将泥团搓成圆球。

搓长：将泥放在手心中，两手前后搓成长条或圆柱体。

压扁：用手掌或工具将搓成的长条或团成的圆球压成片状。

粘接：将塑造的物体的两部分连接成整体，一种是直接连接，将需要粘接的两端塑成一边凸出一边凹进，然后将两边插接后压紧；另一种是棒接，用小木棍、牙签等插接两端并压紧。

捏泥：用拇指、食指、中指的指尖互相配合，捏出细节部分。

抻拉：从一整块泥中，按物体的结构抻拉出各部分。

分泥：用目测的方法将大块的泥，按照物体的比例，分成若干小块。

（四）不同年龄阶段的泥工内容设计

1. 3~4岁（小班）

3~4岁幼儿泥工活动的要求，主要是认识泥工的简单工具和材料，知道其名称，了解泥的可塑性，学习用团圆、压扁、搓、黏合的方法塑造简单的立体物象。

在为小班学前儿童设计泥工活动内容时，应侧重让他们认识泥工板、小木棍等泥工活动的工具。让学前儿童随意玩泥，任意塑造一些简单的形体，使学前儿童在玩泥巴活动中体验泥工所带来的快乐。同时，引导学前儿童欣赏中大班幼儿或教师的泥工作品，引起他们对泥工活动的兴趣。经过一段时间后，可设计一些让幼儿用一种或两种基本技能来塑造简单物体形象的内容，如冰糖葫芦、饼干、面团等（图4-3）。之后可以设计将两个基本形体结合在一起构成一个物体的泥工活动。

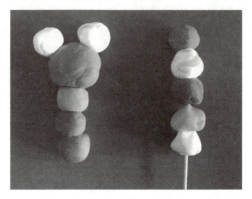

图4-3　泥工制作（蓓蕾幼儿园苹果一班 夏胤涵）

2. 4～5岁（中班）

4～5岁幼儿泥工活动的要求，主要是学习捏的技能，能塑造物体的主要特点，会使用一些简单的辅助材料表现一些情节，能按照自己的意愿大胆塑造（图4-4）。

图4-4　中班泥工制作（蓓蕾幼儿园苹果一班 夏胤涵）

中班幼儿泥工活动的要求，主要是学习捭拉的方法，并配合其他的泥工技法设计比较复杂的物象。要求塑造的物体要比较光滑、结实、均匀，不追求形象比例及细节表现。例如，具有一定容积的锅、碗、瓢、蔬菜、动物形象等。在学习捏小鸡的时候，要求中班儿童先适当地分泥，大的一团搓成椭圆形作为小鸡的身体，后边拉尖的作为尾巴，身上用牙签画出翅膀，嘴巴用手拉出来，小的一团作为头部并和身体连接。

为了让学前儿童塑造的作品形象更加真实、生动，可以搭配一些辅助材料的使用。例如：可用小豆子或珠子嵌在眼睛的部位，可以使用漂亮的羽毛做小动物的尾部。

3. 5～6岁（大班）

5～6岁幼儿泥工活动的要求，主要是学习在整块泥中捏出物体的各部分，并用简单的辅助工具塑造某些细节部分，学会塑造动物、人物的重要特征和动作，表现出主要情节。

在为大班幼儿设计泥工活动的内容时，已经不能再满足于捏出简单的水果、器皿了，而应以比较复杂的动物、人物为目标，同时要求塑造出形象的突出特征和某些细节。大班幼儿要学习做一些情节塑造，如《小羊吃草》《跳舞的小熊》。在此基础上，再为他们设计一些塑造两个以上形体，或借助辅助物表达简单情节，如《三只猫头鹰》（图4-5）、《小朋友过马路》、《海底世界》（图4-6）等。

图4-5 《三只猫头鹰》　　　　　　图4-6 《海底世界》
（蓓蕾幼儿园大一班 潭嘉涵）　　（蓓蕾幼儿园大一班 肖雯兮）

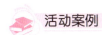 **活动案例**

小班手工活动：《美味的汉堡》
执教者：南京市高淳区武家嘴幼儿园　夏科

活动目标：

1. 认知目标：了解汉堡包的基本结构，欣赏汉堡包层层累加食物的色彩美。

2. 能力目标：能大胆选择不同颜色的彩泥，尝试运用团圆、压扁的技能捏出汉堡的形状。

3. 情感目标：喜欢泥工活动，愿意大胆尝试、动手操作。

活动准备：

1. 不同的汉堡包图片6张。

2. 面点师帽、彩泥若干、轻音乐。

活动过程：

1. 出示奇奇的图片，创设"奇奇要开汉堡店"的情境，唤醒经验。

师：小朋友们好，我是奇奇，我想开一个汉堡店，可是我不会制作汉堡，你们会吗？那汉堡包是什么样子的？它有什么特点？

师：老师平时也喜欢下厨房，今天我们一起来探索一下汉堡的制作方法吧！

2. 观察图片，了解汉堡包的色彩和结构。

师：我们先来看看汉堡包里有些什么好吃的呢？这些食物是什么颜色的？我们一起来从下往上说一说汉堡包里有哪些颜色呢？

师小结：有红红的西红柿、绿绿的蔬菜、黄黄的芝士、白白的沙拉酱……是怎么放的呢？

3. 欣赏 Flash 动画，带领幼儿从下往上一层一层地分析，引导幼儿感知食材的层层叠叠的制作方法。

师：小朋友们，你们知道吗？肯德基的汉堡包、麦当劳汉堡包，还有汉堡王的汉堡包，它们都不一样，因为每一位大厨都有自己的想法，老师这里还有几张汉堡包的图片，我们一起来看看。

4. 介绍制作材料，教师讲解示范制作方法。

师：今天我带来了一些彩泥，让我们一起用彩泥变成一个个美味的汉堡吧，那我们应该怎么做呢？绿色的可以是什么？红色的可以是什么？

师：首先将两个一样大的橡皮泥作为汉堡的两块面包进行团圆。将团球后的一块进行按压。然后制作出你想吃的夹心内层，从下往上一层一层地叠加起来。绿色的就是我们的蔬菜，生菜的边缘有点波状，用我们的小手一点点地捏一下，一个美味的汉堡就做好了。

5. 幼儿自主尝试制作汉堡包，教师鼓励幼儿在操作的同时大胆发挥想象，并用简单的语言进行表达。

师：你想制作几层？想在汉堡里面夹什么好吃的？

师：请你选择自己喜欢的彩泥，做一个属于自己的独特的汉堡包吧！

6. 欣赏分享作品。

师：奇奇说太谢谢你们了，他的汉堡店终于可以开业了，欢迎我们小班的小朋友前来品尝。哇！这么多的汉堡，谁来说说你的汉堡与别人的汉堡有什么不同呢？

二、学前儿童纸工活动的内容设计

纸工活动设计

学前儿童纸工活动主要是教师引导幼儿以不同性质的纸为主要材料，运用折、剪、贴、撕等各种技能进行造型的活动。纸工活动因它的操作性、趣味性深受学前儿童喜爱，有助于锻炼幼儿手指肌肉及手指的灵活性，培养幼儿的目测能力，帮助幼儿认识几何图形的特征与变化。学前儿童纸工活动内容主要有折纸、剪纸、撕纸、粘贴。

（一）纸工的材料与工具

纸工的用纸范围很广，有皱纹纸、宣纸、彩色卡纸、复印纸、瓦楞纸、蜡光纸、吹塑纸、餐巾纸、专供幼儿折纸用的手工纸、废旧画报、挂历、报纸等。在活动中，根据不同的活动内容选择不同的纸张。纸工常用的工具有剪刀、胶水、胶棒、双面胶等。

　　小班幼儿的纸工以培养兴趣为主，在玩一玩、撕一撕、粘一粘、折一折的过程中，初步学习纸工的简单知识和技能，以玩纸、撕纸、粘贴为主，养成卫生、安全、整洁的手工活动习惯；中班幼儿的纸工以折纸、撕纸、粘贴和简单的剪纸为主，在教师的引导下，尝试基本制作方法，创作基本物体形象；大班幼儿可以尝试更为复杂的纸工，进行情景、图案等设计，并能将多种纸工类型综合创作。

（二）折纸的基本技能与内容设计

　　折纸活动是利用纸张，采用折、叠、卷、翻、插等手法，辅以剪、接、拼、画等技巧，按照一定的步骤和要求，借助简单的工具和材料，改编、组合、分解纸张原来的形状，创造出物体形象的活动。折纸一般选用正方形的纸，也可以用长方形或三角形，有单张折叠，也有多张组合折叠。如图4-7所示。

图4-7　折纸

1. 折纸的基本技能

折纸的基本折法主要包括以下几种。

（1）对边折：将纸两边对称折叠（图4-8）。

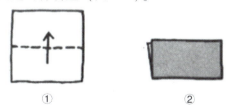

①　　　　　　　②

图4-8　对边折

（2）对角折：将纸相对的两角对齐折叠（图4-9）。

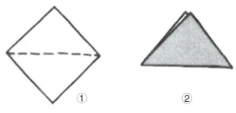

①　　　　　　　②

图4-9　对角折

（3）集中一角折：将相邻的两边沿夹角相向对折（图4-10）。

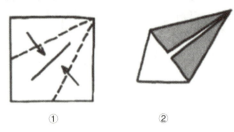

① ②

图4-10 集中一角折

（4）四角向中心折：将正方形的四角对准纸的中心折叠（图4-11）。

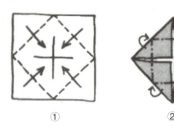

① ②

图4-11 四角向中心折

（5）双正方形折：将正方形纸对角折成三角形，再反复一次，把两个小三角形分别从中间撑开，折成双正方形（图4-12）。

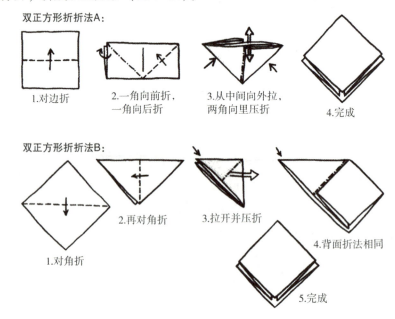

双正方形折折法A：

1.对边折　　2.一角向前折，一角向后折　　3.从中间向外拉，两角向里压折　　4.完成

双正方形折折法B：

1.对角折　　2.再对角折　　3.拉开并压折　　4.背面折法相同　　5.完成

图4-12 双正方形折

（6）双三角形折：将正方形纸对边折成长方形，再对边折成正方形，把两个小正

方形分别从中间撑开，折成双三角形（图4-13）。

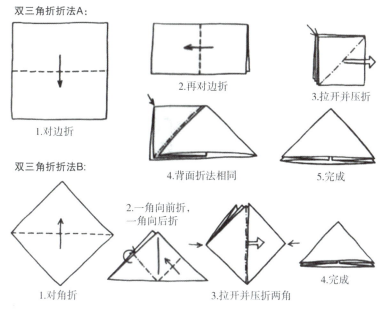

图4-13　双三角形折

（7）双菱形折：将纸折成双正方形，再依据中线将开口端的四个边向内折叠，然后向下拉成菱形（图4-14）。

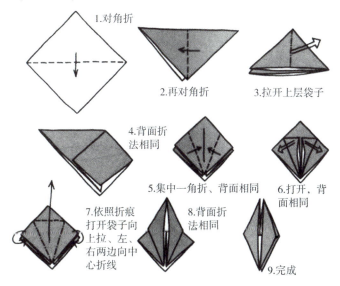

图4-14　双菱形折

2. 折纸图示的基本符号

学前儿童需要逐渐学习按照折纸图示进行折纸，从中班开始，教师需要逐渐引导幼儿认识折纸图示的基本符号。折纸图示的基本符号如图4-15所示。

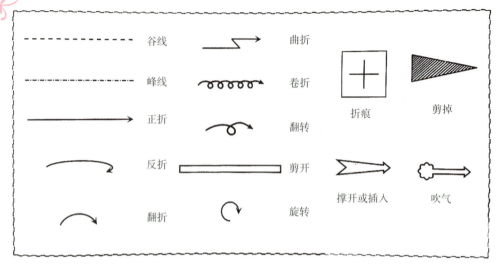

图 4-15　折纸符号

3. 不同年龄阶段的折纸内容设计

表 4-2　不同年龄阶段的折纸内容设计

年龄	折纸内容	举例
3~4 岁	利用对边折、对角折、集中一角折等简单技能的折纸活动，感受折纸给纸张带来的变化，对折纸感兴趣，通常 3~4 步。比如，《小猫》《小狗》《小帆船》运用到了对角折。	
4~5 岁	利用四角向中心折、双三角形折、双正方形折等较复杂的折纸活动，较平整地折叠出简单的形象，通常需要 6-7 步完成。比如，《青蛙》运用到双三角形折；《东西南北》运用到四角向中心折。	
5~6 岁	学习看折纸图示自主折纸，练习用两种以上的纸进行折纸组合，也可尝试立体折纸，通常需要 8~9 步完成。比如小松鼠由头、身体和尾巴三个部分组成。	

 活动案例

幼儿教师资格考试面试真题《折纸小猫》的要求：

1. 能够完整地折出小猫。

2. 要求教小朋友按照步骤折出小猫。

3. 要有添画环节。

小班折纸活动：折纸小猫

活动目标：

1. 认知目标：知道折纸小猫的基本步骤。

2. 能力目标：能完整地折出小猫，并能根据自己的喜好为小猫添画。

3. 情感目标：对折纸活动感兴趣，感受折纸活动的乐趣。

活动准备：

1. 经验准备：对小猫的特征有一定的认识。

2. 物质准备：各种颜色的正方形折纸、折纸爱哭的小猫范例、油画棒、白纸、固体胶棒。

活动过程：

1. 出示爱哭的小猫折纸作品，故事《小猫哭了》导入活动。

师：这是小猫贝贝，看，它怎么哭了？小猫贝贝一个人在河边，它的爸爸妈妈都出去抓老鼠了，它觉得很孤单。它想请小朋友们帮它找一样的小猫朋友，你们愿意帮助它吗？

师：小猫贝贝是什么样子的？

2. 教师讲解示范小猫的制作方法，并与幼儿讨论交流。

(1) 教师边念儿歌，边演示小猫的制作方法。

师：尖尖对尖尖，做成三角形，尖尖碰碰面，再见分开走，中间尖尖向下走，翻身成小猫。

(2) 教师通过提问，幼儿讨论交流制作过程，粘贴分解的半成品。

师：我们怎么做成三角形的？小猫耳朵怎么做的？头顶怎么做呢？

3. 幼儿选择喜欢的颜色的正方形纸，尝试制作，教师巡回指导。

(1) 针对无法完成的幼儿，教师可以采用步步领折。

(2) 针对猫耳朵折得不对称的幼儿，教师可以通过提问法启发观察，尝试修改。

4. 幼儿尝试根据自己的喜好，添画五官和花纹。

师：小猫缺少什么？每只小猫都很特别，你们给它们设计设计花纹吧！

5. 幼儿展示分享。把自己折的"小猫"放在小猫贝贝的周围，教师扮演小猫贝贝道谢。

师：你折的小猫是什么颜色的？有什么花纹？

师：有了你们的帮助，小猫贝贝拥有了这么多的好朋友，太谢谢小朋友们了！谢谢！

（三）剪纸的基本技能与内容设计

剪纸活动是用剪刀将纸剪成各种各样的图案的活动，是一种历史悠久的民间艺术形式。剪纸需要双手的配合及手腕的转动，可以锻炼学前儿童手部的灵活性和协调性；

剪纸还需要设计图案，进行布局，有利于培养幼儿的想象力和创造力。剪纸一般选用较薄的纸，正方形纸最为常见，也会用到布、树叶、金银箔等。

1. 剪纸的基本技能

剪纸活动主要包括使用剪刀的技巧和折剪中的折叠技巧，基本剪法有以下几种。

（1）目测剪：用没有痕迹的纸通过目测直接剪出形象的方法，包括游剪、掏剪、破剪、打毛剪。

（2）沿轮廓剪：按照已画好的轮廓线剪出所需要的物体形象的方法。轮廓线可以是成人画，也可以是幼儿自己画。

（3）折叠剪：将纸折叠后在纸面上画上花纹图稿，再剪出纹样的方法，过程即折—画—剪—展开。折叠剪包括对称折剪、圆形纹样折剪、三角形纹样折剪、四角形纹样折剪、五角形纹样折剪、六角形纹样折剪、二方连续纹样折剪、四方连续纹样折剪等。

2. 不同年龄阶段的剪纸内容设计

表4-3 不同年龄阶段的剪纸内容设计

年龄	剪纸内容	图例
3~4岁	了解简单的使用剪刀的方法，能将纸剪开，练习剪直线。比如，任意剪色块、树叶等。	《好吃的饭团》
4~5岁	正确使用剪刀，练习剪直线和基本形状。由于幼儿剪纸能力差异大，有的幼儿可以尝试剪出简单的形象，用左右对称的方法剪简单造型。比如鸟、蝴蝶、菠萝等。	《小鸟》
5~6岁	运用对称剪，剪较为复杂的单个形象和两个一模一样的相连的形象，并设计剪出装饰图案；引导运用三角形、四角形、二方连续等折叠方法，剪出简单图案。比如中国的古亭、两个跳舞娃娃、窗花等。	《鱼》

活动案例

幼儿教师资格考试面试真题"剪纸袜子"的要求：

1. 要求示范剪纸，富有童趣。

2. 根据对折剪纸的方法再剪出一种物品。

3. 请在 10 分钟之内完成上述要求。

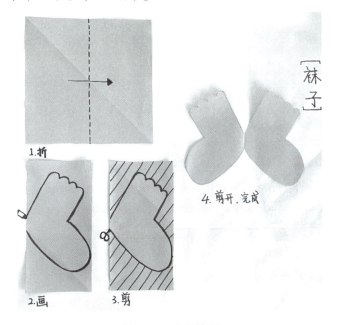

图 4-16　剪纸袜子

中班手工活动：剪纸袜子

活动目标：

1. 认知目标：理解中心轴的作用及左右对称的折叠方法。

2. 能力目标：使用左右对称的折叠方法剪出一对相连的袜子，并根据自己喜好剪出花纹。

3. 情感目标：在操作过程中遇到困难能积极思考，解决困难。

活动准备：

对折剪的衣物作品多幅（帽子、鞋子、外套、裤子等）、正方形彩纸、安全剪刀、装纸屑的小盘子。

活动过程：

1. 出示衣物橱柜的背景图和对折剪的衣物作品，引导幼儿观察作品的构图。

师：你看到橱柜里有哪些东西？每个作品里都有几个（帽子、鞋子等）？

2. 教师讲解示范用对折剪的方法剪出一对袜子，讨论交流剪法。

师：刚才我折叠了几次？我是怎么折叠的？袜子的什么部位在纸的中心轴上？折叠画好袜子后，从哪里剪比较容易？

师：边对边，压一压，画袜子，留后跟，从中心，剪开去，沿轮廓，要细心。

3. 幼儿自主操作，教师巡回指导，引导有困难的幼儿通过观察同伴或屏幕中的示意图，讨论交流解决困难。

4. 鼓励幼儿大胆设计图案，对折剪出镂空图案。

5. 幼儿展示分享剪纸作品。

师：谁剪出了两只连着的袜子？都剪了一些什么图案呢？

活动延伸：

将对折剪的作品制作示意图投放到美工区（形象轮廓由易到难），幼儿可以试一试，做一做；也鼓励幼儿尝试自主设计剪纸形象。

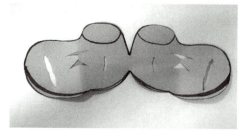 

图4-17　剪纸袜子　　　　　　　　　　图4-18　剪纸帽子

（四）撕纸的基本技能与内容设计

撕纸活动是通过大拇指和食指、中指的配合控制纸张，撕开形成某种形状或图案的一种平面艺术活动。撕纸活动是学前儿童都很喜欢的艺术活动，能锻炼学前儿童手指的灵活性和控制能力，也能激发幼儿对所撕形象展开大胆想象，培养其想象力和创造力。撕纸一般也选用较薄的软纸。

1. 撕纸的基本技能

撕纸的基本技能包含拿法、起撕、直撕、转撕、折叠撕等，折叠撕包含对角折撕、对边折撕、集中一边折撕等。撕纸的重点在于"撕"，撕的形式包括自由撕、按轮廓撕、折叠撕。撕纸和剪纸有些相似，这里不做详细介绍。

撕纸活动中，要注意：第一，每次提供给学前儿童的纸张面积不宜太大，学前儿童不方便把控；第二，不能要求学前儿童很准确地撕出完美的形象；第三，如果撕出的形象和构思的想象有较大的出入，教师可以让学前儿童仔细观察手中的纸形，进行想象添画；第四，一般学前儿童折叠撕的层数较少，一般2～3层即可。

2. 不同年龄阶段的撕纸内容设计

表4-4 不同年龄阶段的撕纸内容设计

年龄	撕纸内容	图例
3~4岁	学习撕点状物和长条状，尝试有序地粘贴。比如，撕出树叶、面条等。	《斑马的条形外套》
4~5岁	撕出圆形、三角形、正方形等基本形状，组合成简单的形象。	《我的小屋》
5~6岁	根据自己的意愿，撕出更为复杂的形状，组合拼贴成较为复杂的形象与图案，还可以尝试撕贴出不同动态特征的形象，或与绘画相结合，组合成有趣的情节。	《我在吃东西》

 活动案例

大班撕纸活动：你看上去很好吃

活动目标：

1. 认知目标：知道撕贴的基本方法和注意事项。

2. 能力目标：运用撕贴、想象的方法表现"很好吃"和"爸爸"在一起的场景。

3. 情感目标：体验一边创作一边讲故事的乐趣。

活动准备：

1. 经验准备：幼儿欣赏过绘本《你看上去很好吃》，熟悉画面及故事情节。

3. 物质准备：课件、彩纸若干、双面胶、棉签、勾线笔。

活动过程：

1. 边欣赏绘本，边回忆故事，引导幼儿讨论自己最喜欢的故事情节。

师：你们最喜欢"很好吃"和爸爸在一起发生的什么事？为什么？

2. 学一学、做一做自己最喜欢的情节中的"很好吃"和爸爸，表现出他们独特的身体姿态。

3. 鼓励幼儿尝试用彩纸撕出"爸爸"、"很好吃"身体的各部分，并根据讨论的情节和动作，拼一拼，摆一摆，粘一粘。

4. 添画环节：幼儿用勾线笔添加"爸爸"、"很好吃"的耳朵、眼睛、鼻子、尾巴等，并添画图案。

5. 分享讲述撕贴画的内容。

（1）请小组的每个幼儿讲述自己画面的故事。

（2）请幼儿在集体面前分享作品和最喜欢的故事情节。

（五）粘贴的基本技能与内容设计

粘贴是指通过组合、分割等方式用胶水、双面胶等黏性工具将点状、线状或面状材料粘贴成平面或立体画面的美术活动。粘贴活动对纸团、豆类、米粒、布、棉花、木棍、贝壳等经过拼摆、组合、排列等方式粘贴成美丽的作品，能表达学前儿童的审美情趣，提高他们表现美的能力，同时促进其手脑并用的能力，充分发挥其想象力和创造力。如图4-19所示。

图4-19　粘贴画

1. 粘贴的工具与材料

粘贴材料大多是用天然的或者加工过的点状、线状或面状材料进行粘贴，可以是包括各种纸类（比如皱纹纸做梅花）、绒球、毛根、魔法玉米、油泥等手工材料，可以是自然材料，包括豆类、树枝、树叶、贝壳、沙子等，报纸、瓶盖、吸管、纽扣、牛奶袋、蛋糕纸、纸杯等废旧物品也是粘贴活动经常使用的材料。

粘贴是需要准备具有黏性的胶水、固体胶、双面胶、乳胶、胶棒、订书机等工具，还需要小棒等工具帮助涂胶和拧干的湿毛巾随时清洁手部或用于按压作品，保持粘贴面的整洁，也避免弄坏作品。粘贴活动通常会和不同技法综合使用，因而不同活动还需要不同类型的工具，比如剪刀、泥工板、勾线笔、棉签等。

2. 粘贴的基本技能

粘贴的具体步骤如下：

（1）造型与构图：粘贴经常和其他纸工、泥工等密切结合在一起。有的粘贴活动需要先对提供的材料通过撕、剪、切等进行分割、组合和造型；有的粘贴活动需要先对粘贴材料进行抓捏、揉搓、缠绕、编织等进行造型后排列拼摆；有的粘贴活动直接利用粘贴材料进行粘贴。

（2）涂抹固定工具，如胶水、即时贴、乳胶、胶棒、双面胶等。

（3）按压粘贴材料四个基本操作要点。

3. 不同年龄阶段的粘贴内容设计

表 4-5　不同年龄阶段的粘贴内容设计

年龄	粘贴内容	图例
3～4岁	学习使用即时贴、胶水任意粘贴瓶盖、纸屑、碎毛线、纽扣等点状材料，用纸球、树叶等拼贴面状材料，沿着形象的轮廓进行粘贴。	棉花粘贴《小绵羊》
4～5岁	以单个物体的造型粘贴为主，逐渐尝试运用对称、相间、中心向外装饰等方法进行粘贴，也可以尝试多种材料进行有规律的装饰。	综合材料粘贴《爱的毛毛袜》

续表

年龄	粘贴内容	图例
5～6岁	综合运用多种技法和材料进行自主创造，表现一定的主题情节，尝试小组合作的粘贴活动，对色彩的搭配、构图的处理、图案的装饰等提出更高的要求。	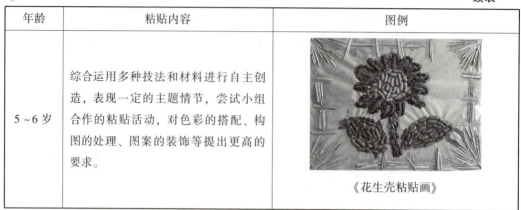 《花生壳粘贴画》

 活动案例

大班手工活动：花生壳粘贴画

执教者：南京市栖霞区燕子矶幼儿园　冯丹

活动目标：

1. 认知目标：感知花生壳的基本形状，熟悉粘贴花生壳的方法。

2. 能力目标：尝试用花生壳进行拼贴，并且用西瓜籽壳、瓜子壳进行局部装饰。

3. 情感目标：感受果壳粘贴画的制作乐趣，操作时保持桌面的整洁。

活动准备：

1. 经验准备：有粘贴画的经验。

2. 物质准备：花生壳、白乳胶、棉签、PPT，教师半成品范画，画好的各种图案（树、房子、花等）。

活动过程：

1. 出示装满花生壳的盒子，激发幼儿兴趣。

师：老师今天带来了一个盒子，里面是什么？

师：它们能做什么呢？（启发幼儿自由想象，大胆表达。）

2. 欣赏、观察花生壳粘贴作品，讨论交流花生壳的粘贴方法。

（1）欣赏观察花生壳粘贴作品。

师：花生壳粘贴成了什么？是怎样排列的呢？

（2）出示制作材料，讨论交流花生壳粘贴作品的方法。

师：这些作品是用什么材料制作成的呢？怎么做成这些漂亮的作品呢？我们一起来看一看、说一说。

（3）讨论交流粘贴作品的经验，说一说制作时应注意什么。

（4）教师小结制作方法与注意事项。

师：幼儿果壳粘贴在轮廓线里，不能叠在一起，用笔粘胶时要先刮一刮，多涂一点胶。

师：可以先画出你想创作的然后涂上胶水，把花生壳贴在轮廓里。注意果壳只能贴在画的轮廓里，不能叠在一起，画面上没有贴住的请抖一抖放进箩筐里。

3. 小组讨论交流创作的内容和方法。

师：请说说你的设计，想用花生壳和其他果壳粘贴出什么呢？

4. 幼儿自由创作粘贴画，教师巡视，提醒幼儿要选用平整一点的花生壳，这样粘贴出的画更漂亮，鼓励幼儿创作出与别人不一样的作品。

5. 幼儿作品展示与欣赏。

师：你们喜欢哪一幅？为什么？

师：谁的构图大？谁粘贴得均匀、牢固？

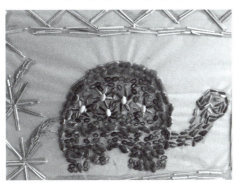

图4-20　幼儿作品

图4-21　幼儿作品

除了这些基础手工类型，还有染纸、厚纸制作、废旧材料制作、果蔬制作等，可以进一步发展幼儿的动手操作能力、造型能力、空间知觉能力及创造能力。

（六）学前儿童纸工活动的要求

不同年龄阶段的幼儿在折纸、剪纸、撕纸、粘贴这四个方面的内容和要求各不相同。

1. 3~4岁（小班）

3~4岁幼儿的纸工活动要求，主要是以培养兴趣为主，初步学习纸工的简单知识和技能。教师为小班幼儿设计的纸工活动内容以玩纸、粘贴、撕纸为主，主要是培养学前儿童卫生、安全、整洁的手工活动习惯。

小班幼儿喜爱玩纸和撕纸的活动，教师可准备一些颜色不同、性质不同的纸，让他们体验纸的特性。引导幼儿在撕着玩的过程中发现形状的变化，并初步撕出一些简单的形状，如星星、足球、太阳、饼干等。另外，还可以设计一些粘贴简单物体形象的内容，如粘贴花瓶、草莓等。教师先为幼儿准备一些剪好图样的纸，让幼儿把撕成的小碎片粘贴在图形纸中，如图4-22所示。在粘贴的过程中，认识粘贴的材料、工具，并掌握其使用方法。

图4-22　儿童纸工（蓓蕾幼儿园大一班 魏倜涛）

2. 4～5岁（中班）

4～5岁幼儿的纸工活动要求，主要是掌握一些简单的折叠方法。例如，按中心线折、对角折、对边折、双正方折、双三角折等，较为平整地折叠出简单的玩具。能使用自然材料或者现成的材料，有序地粘贴在适当的位置上。正确使用、认识手工工具和材料，可以用剪刀剪出多种几何图形，并能进行简单的拼贴。所以，中班幼儿纸工活动主要以折纸、撕纸、粘贴和简单的剪纸为主。

中班幼儿折纸活动主要是使用单张的纸进行简单的平面折叠。最开始可以设计一些简单实物进行折叠。例如，集中一角折飞机、对折的帽子等。成品可以结合游戏玩耍，在这个过程中让他们掌握、熟悉并理解基本的折法（图4-23）。

图4-23　中班纸工（指导教师：邵东尚德幼儿园 刘亚玲）

中班幼儿撕纸活动主要是以目测的技能为主，进一步学习撕纸的技能，也可学习一些简单的折叠技能。例如窗花、花边等。

中班幼儿粘贴活动主要是几何图形粘贴和自然物粘贴，培养幼儿掌握正确的粘贴方法，要求粘贴得牢固、平整、美观。粘贴时，既可以是成品粘贴，也可以是半成品粘贴。

在中班幼儿剪纸活动中，教师可为幼儿设计一些结合实物进行目测剪的内容，包括以剪弧线技能为主的内容（如葡萄、红旗、草莓等），以及以剪直线技能为主的内容（如面条、小棍、电线等）。

3. 5~6岁（大班）

5~6岁大班幼儿纸工活动的要求，主要是让他们学习更为复杂的纸工技能。大班幼儿纸工活动主要有折纸和剪贴。

为大班幼儿设计的折纸活动主要是用两张以上的纸折成简单的立体组合物体造型，同时运用画线、涂色、添加背景和其他景物组合辅助手法使它们更加生动。

大班幼儿剪贴活动内容的设计是要幼儿自己剪自己贴，重点在于训练他们更好地掌握目测剪、按轮廓剪和折叠剪这三种技法。能够将面状的材料分块剪、折叠剪等拼贴平面的形状和制作立体的物像。剪贴活动内容的设计应该是先易后难、由简到繁，先剪大面积的、线条较短的、较直的物体形象，再剪一些有细节、曲线的物体形象，如图4-24所示。

图4-24 大班纸工活动（指导教师：蓓蕾幼儿园 谭乐）

第三节 学前儿童手工活动过程的设计

学前儿童手工活动的设计基于学前儿童手工能力的发展，并符合学前儿童手工创作的心理过程，教师应进行有针对性的指导。

一、学前儿童手工创作的心理过程

手工活动是手眼脑并用的艺术创作活动，经历与绘画创作类似的心理过程，孔起英在《学前儿童美术教育》中介绍了学前儿童手工创作经历意图、构思与设计、制作与装饰三个阶段，三个阶段相互联系。

（一）意图阶段

意图的出现是创作的开端，是创作的动机。学前儿童早期进行手工制作多出于好

奇，通过玩耍感受操作材料的物理属性与形态变化，没有明确的制作目的；随着对手工工具和材料的了解逐渐深入及手工活动经验逐渐丰富，学前儿童的手工制作逐渐从模仿走向独创，由无目的走向有目的，对"我要制作什么"逐渐表现出明显的创作意图。

（二）构思与设计阶段

有了明显的创作意图，学前儿童在头脑中通过思考和想象，对"我怎么制作，我用什么材料制作，我先做什么，再做什么"进行计划，构思与设计相辅相成。和绘画活动一样，学前儿童会对头脑中储存的审美表象进行选择，并对其进行色彩、造型、构成等方面的加工、改造与重组，形成新形象。接着，学前儿童根据构思的形象选择材料及相应的制作方法和过程。

也有很多手工活动，由手工材料的形、色、材质等特点启发学前儿童联想想象到某一具体形象，并创造出新形象。这种现象被称为"迁想状物"或"借形造像"。这种构思方式在学前儿童的手工活动中非常常见。

（三）制作与装饰阶段

构思与设计完成之后，接着就是学前儿童借助于剪、折、撕、贴、捏等手工技巧对材料进行加工，制作出新形象的过程。因为学前儿童手指精细动作发展不成熟，手眼协调性也有待发展，手工作品显得粗糙、不整齐、不平滑。学前儿童受其思维方式的制约，制作与构思、设计往往会融为一体。

制作后学前儿童会根据自己的意愿对手工作品进行涂绘或装饰，如添加五官、背景、花纹图案等，增强作品的完整性和审美性。

二、学前儿童手工活动的设计

学前儿童手工活动应结合对学前儿童手工能力的发展特点，符合学前儿童手工创作的心理过程。这里以手工集体教学为例，学前儿童手工活动设计与绘画活动设计过程相似，包含感知欣赏——构思设计——制作装饰——展示分享四个部分。

（一）感知欣赏

手工制作也需要表象的积累，围绕活动的主题，教师首先需要通过看一看、摸一摸、尝一尝、玩一玩等多种途径丰富学前儿童的审美表象，激发学前儿童的创作兴趣和意图。在感知欣赏环节，幼儿教师应注意以下几个方面：

（1）可以提供与制作形象的实物、图片、视频等，以供直接感知观察，教师通过启发性的提问引导学前儿童对整体与部分、部分与部分之间的关系和结构进行有顺序的感知欣赏，对制作的重点部分进行细致观察与讨论交流。

（2）教师也可以引导学前儿童通过比较观察的方法，感知事物的造型、色彩、图案、制作材料、制作方法等方面的丰富性和差异性。

（3）可以运用简单易懂的儿歌、谜语等帮助幼儿加深对表象形体的记忆。

（4）在感知欣赏的过程中，教师引导学前儿童明确制作意图，激发创作兴趣。

（5）适当提供手工佳作以供欣赏，学习其造型、色彩、构成等艺术手法及审美特征，学习这些作品的制作者是怎样运用造型、构成、色彩等艺术语言进行创作的，同时促进学前儿童从中获得构思设计的线索。

（二）构思设计

在明确创作意图之后，教师可以根据学前儿童手工能力发展水平及创作主题内容，选择最有表现力的材料提供给学前儿童，激发学前儿童结合自己的经验，充分发挥自己的想象力，构思设计制作的方案。在构思设计环节，幼儿教师可以从以下几个方面进行引导：

（1）教师提供丰富材料，为学前儿童提供与本次活动需要的工具和材料接触的机会，引导他们看一看、摸一摸、说一说，如果学前儿童对本次活动的工具和材料不熟悉的话，需要提供他们充分的时间自主探索材料的特性。

（2）对学前儿童不熟悉的制作方法和工具，教师可以通过展示图示、讲解示范等方法把手工制作技能技巧传授给学前儿童；也可以让学前儿童先动手尝试，遇到问题，发现问题并尝试自己解决问题，之后教师再总结讲解示范制作方法与步骤。

（3）运用讨论交流法，鼓励学前儿童大胆交流自己选择什么材料、用什么工具、先做什么、后做什么；对于"因材施艺"手工作品，可以将构思设计与制作部分相互融合。

（三）制作装饰

学前儿童根据创作意图运用手工工具与材料制作形象的操作实践过程，在制作装饰阶段，教师应创设宽松愉悦的氛围，让学前儿童想做、敢做。学前儿童在手工制作方面个体差异更大，教师需要实现分层指导。具体可以从以下几个方面进行指导：

（1）相对绘画活动，学前儿童进行手工活动有一定难度，成人要充分了解学前儿童的现有能力水平，分层提出制作要求。教师可以将临摹、仿制与独创相结合，以仿制为主要形式，鼓励他们在掌握基本技法的基础上努力创新。对于能力较弱的学前儿童，可以鼓励其临摹出手工作品来。

（2）对于本次活动中需要的基本技能不熟悉的学前儿童，可以创设有趣的情景，提供充分的材料和时间，鼓励他大胆练习，多次练习后进行制作。

（3）在学前儿童遇到困难时，教师可以灵活运用示范法、讲解法、同伴榜样法、讨论交流法等为幼儿提供分层指导。

（4）当学前儿童想到用不同的材料进行细节装饰或者他们在色彩装饰、制作方法、背景内容等方面提出不同的想法时，教师应支持学前儿童的富有创造性的想法。

（四）展示分享

展示分享环节教师与学前儿童共同评价交流作品，能帮助学前儿童总结、扩展手工经验，充分体验手工创作的成功感与愉悦感，并在分享交流中大胆表达对自己和他人作品的感受。在展示分享环节，幼儿教师需要注意以下几点：

（1）教师对手工作品的评价直接引导学前儿童交流讨论的内容，不以制作技能水平的高低作为标准来衡量作品水平的高低，引导他们大胆表达自己对作品的感受，分享作品的制作过程、制作内容、解决难点的过程及创意之处，等等。

（2）展示分享以学前儿童的自主评价为主，同伴评价、教师评价渗透贯穿其中，也可以灵活运用集体、小组、个别展示分享的形式。

（3）对于小组合作制作的手工作品，可以设置展览场景，学前儿童可以自行"观展"，小组设有讲解员，给予充分的时间相互交流学习。

第四节　学前儿童手工活动的指导

不同手工类型的制作工具、材料以及艺术手法差异性大，对学前儿童的指导也有很多不同之处。教师需要结合学前儿童手工能力的发展特点，结合各种手工的特点进行有针对性的指导。这里结合手工发展阶段，给出相应的学前儿童手工活动的指导建议。

一、无目的活动期的手工活动指导

（1）应提供给幼儿与手工原始材料接触的机会，通过自发玩耍，感受手工材料性质，探索手工工具的使用方法。

（2）提供幼儿手工活动的机会，不着急不催促，给予幼儿充分的时间进行探索尝试。

（3）不因担心存在危险就限制手工探索，提供安全、卫生的手工工具和材料，比如提供儿童专用剪刀、泥工刀、擀泥杖、较薄的纸张等。

（4）为幼儿提供围裙、桌垫、湿布等，保持环境和自身的整洁，不因幼儿进行手工活动弄脏衣服和环境就暂停或阻止幼儿操作。手工活动后，可以组织幼儿一起收拾整理环境。

（5）可以提供有趣的游戏情境，体验手工操作的成功感。比如，为《愤怒的狮子》撕贴鬃毛，为黑色的夜空装饰"星星"。

（6）和幼儿讨论自己的探索结果和作品，激发他们对作品的关注和联想。

二、基本形状期的手工活动指导

（1）成人应该鼓励幼儿大胆地按照自己的意愿进行尝试，表达自己的意图，培养他们对手工活动的兴趣。

（2）手工教学内容的选择要符合该阶段幼儿手工能力的"最近发展区"，促进其手工能力发展。

（3）成人需要教给该阶段幼儿一些基本的制作方法，帮助他们实现自己的意图，让幼儿能在手工活动中得到满足和自我实现的成功喜悦。

（4）尽量和幼儿多观察实物，直接感知事物的主要特征与结构等，为手工制作积累美术表象。

三、样式化期的手工活动指导

（1）手工活动内容由易到难，层层递进，适时帮助幼儿掌握新的手工制作技能，丰富幼儿的手工活动经验。

（2）在手工活动中，成人应多提供手工作品、手工制作图示等，引导幼儿进行讨论交流与自主探索制作的方法与重难点，培养他们细致的观察能力和自主解决问题的能力。

（3）成人应提供多种手工工具和材料，鼓励幼儿用不同的方法、不同的材料进行制作与表现，综合不同类型的手工，也可以与绘画活动组合创作，培养其想象力与创造力。如大班手工活动"盛开的菊花"，在感知菊花的特征，积累菊花的表象后，提供毛根、超轻黏土、纸张等多种材料给幼儿进行自主选择一种或多种材料，甚至有的幼儿与同伴合作完成一盆菊花，幼儿的自主性和创造性都得到充分的体现。

 活动案例

大班手工活动：盛开的菊花

活动目标：

1. 认知目标：知道霜降节气是菊花盛开的时节，了解菊花的外形特征。

2. 能力目标：尝试用多种方式和材料来体现花瓣卷曲造型和多层次的美感。

3. 情感目标：体验盛开的菊花所带来的视觉享受，喜欢与伙伴欣赏和分享手工作品。

活动准备：

1. 经验准备：秋游时参观过菊花展，学习过儿歌《菊花开》。

2. 物质准备：背景画纸、各种各样的纸、毛根、超轻黏土、胶棒、剪刀等。

活动过程：

1. 复习儿歌《菊花开》，谈话导入活动。

师：小朋友们，你们知道现在是什么节气吗？霜降是菊花盛开的好时节，之前我们学过一首儿歌叫《菊花开》，咱们一起来朗诵吧！儿歌里菊花开得真美呀，它的花瓣

像什么？

2. 多种方式感知菊花外形特征。

师：老师也带来了几盆菊花，让我们来看一看，它是什么样子的？

师：我还带来了我们在菊花展看到的菊花的照片，我们来欣赏一下。

3. 教师展示手工材料，出示制作方法和步骤。

师：今天我们也来做一朵盛开的菊花。看看桌上都有什么材料？

师：每组都有不同的材料，可以用纸撕贴、超轻黏土搓捏、毛根卷一卷、画笔画一画菊花花瓣的部分，每组4个小朋友做一做，可以一起来合作。先来计划计划你们用什么材料做一朵什么样子的菊花，几层花瓣，什么颜色的。

师：用剪刀的时候要注意安全，用完了记得把剩余材料收拾好放在筐子里，音乐停止后把你们的作品拿过来一起分享。

4. 幼儿自由选组，多种方式制作菊花，教师巡回指导。

（1）循环播放 PPT，展示菊花图片，供幼儿欣赏。

（2）教师根据幼儿选择的材料来个别化指导。

5. 展示作品，欣赏交流。

师：小朋友做的菊花真是丰富多彩啊，你最喜欢哪幅作品？为什么呢？

师：哪幅是你完成的？你是怎么做的？

师：我们把盛开的菊花放到自然角和走廊，让大家一起来欣赏吧！

 思考练习

一、选择题

1. 小班幼儿玩橡皮泥时，往往没有计划性。橡皮泥搓成团就说是包子，搓成条就说是面条，长条橡皮泥卷起来就说是麻花。这反映了小班幼儿（　　）。【2015年下半年幼儿教师资格考试真题】

A. 具体形象思维特点　　　　　　　B. 直接行动思维特点

C. 象征性思维特点　　　　　　　　D. 抽象逻辑思维特点

2. 阳阳能画圆圆的西瓜和气球，并能沿着边线平滑地剪下来，由此判断该幼儿的手部动作处于哪个年龄阶段的水平？（　　）【2017年安徽合肥幼儿教师编制考试真题】

A. 2~3岁　　　　B. 3~4岁　　　　C. 4~5岁　　　　D. 5~6岁

3. 手工活动没有明确的目的，只是一种纯粹的玩耍活动，这个特点所处年龄段是（　　）。【2017年福建幼儿教师编制考试真题】

A. 2~4岁　　　　B. 4~5岁　　　　C. 5~6岁　　　　D. 6~7岁

4. 幼儿能用橡皮泥制作许多颜色的小圆球，该活动幼儿要运用到的泥工基本技能是（　　）。

　　A. 拉抻　　　　　　B. 团圆　　　　　　C. 压扁　　　　　　D. 搓长

5. 儿童在泥塑中能搓出各种弯曲的、盘旋的棒状物，还能制作出立方体和圆柱体，并会用棒状物组合的方式制作出一些复杂的物体。这个年龄阶段大概是（　　）。

　　A. 2～3 岁　　　　B. 2～4 岁　　　　C. 4～5 岁　　　　D. 5～7 岁

6. 为了提高幼儿运用剪刀的能力，教师在美工区投放了剪刀、不同质地的纸张和画有直线、曲线、不规则图形的图案供幼儿进行剪纸活动。这体现了材料投放的（　　）。【2017 年山东临沂沂水幼儿教师招聘考试真题】

　　A. 丰富性　　　　B. 层次性　　　　C. 情感性　　　　D. 探索性

7. 能熟练使用筷子，并能沿轮廓线剪出曲线构成的简单图形，边线吻合且平滑。这是哪个年龄段的教育发展目标？（　　）【2017 年山东临沂幼儿教师招聘考试真题】

　　A. 0～1 岁　　　　B. 1～2 岁　　　　C. 3～4 岁　　　　D. 5～6 岁

二、材料分析

区域游戏时间，冰冰来到了编织区。在编织区的一个角落里，拉着放射状的绳子（表示蜘蛛网的中轴线）。墙上挂着一些不同颜色的毛线和细包装带，贴着一张编织蜘蛛网的示意图。冰冰问老师："这是干什么的？"老师告诉他可以编蜘蛛网。他答了一声表示很新奇并马上走到角落，随手抽出一根绿色的毛线，开始在原先拉好的绳子上缠绕起来。刚开始手中的毛线始终在一根线上做反复的缠绕。老师在一旁轻轻提醒他："想一想蜘蛛是怎样结网的？"他似乎受到了一些启发，开始将缠绕后余下的毛线向另一根中轴线拉去，拉到后又开始反复缠绕。老师又轻轻拍了拍墙上的蜘蛛网示意图，并用手指在示意图上画蜘蛛网的走向，从一根中轴线拉向旁边一根中轴线，第一根毛线用完了，他又取了一根同样颜色的在下面重新开始拉网编织起来，但是没有规律。老师告诉他："蜘蛛网是很有规律的，很有次序的，一圈结完再结一圈，可是你刚才那圈还没结完。"冰冰连忙抽回毛线回到原来的地方继续结起网来。就这样一连用绿色的毛线结了三圈。老师问他："这里有这么多颜色的毛线，能不能让你的蜘蛛网变得更漂亮呢？"这回冰冰用黄色的毛线结了两圈，又改成绿色的毛线编了两圈。就这样两种颜色交替编织，终于完工了。老师和同伴看见说："你编的蜘蛛网真像，而且颜色一层一层真漂亮。"冰冰高兴极了，拉着旁边的同伴来欣赏他编织的蜘蛛网。【案例来源于 2016 年安徽安庆太湖幼儿教师招聘考试真题】

问题：结合第二章里学前儿童美术教育的方法，分析幼儿教师是如何引导幼儿进行手工编织活动的？

2. 请结合第二章里学前儿童美术教育的方法，分析小班手工活动《美味的汉堡》使用了哪些活动方法？

实训任务

设计与组织绘画活动

【任务描述】

学生以小组为单位，根据幼儿教师资格考试面试试讲真题材料，完成相应任务。

题目：手工活动《风车》

内容：

（1）按图示完成纸工"风车"。

（2）回答问题。

基本要求：

（1）按图示制作"风车"。

（2）回答问题：

①该内容适合什么年龄段的幼儿学习？

②利用纸工"风车"可以引发幼儿开展哪些活动？

（3）请在10分钟内完成上述任务。

答辩题目：

（1）此活动锻炼了幼儿什么能力？

（2）活动适合哪个年龄班的孩子，活动开展中有什么难度？

【任务准备】

学生任务分配表

班级		组号		指导教师	
组长		学号			

	姓名	学号	姓名	学号
组员				

任务分工	

【任务单】

任务工作单 1　制作风车

组号：＿＿＿＿＿＿　　姓名：＿＿＿＿＿＿　　学号：＿＿＿＿＿＿　　检索号：＿4-1＿

引导问题：

引导问题：

（1）制作风车，并将作品的照片打印粘贴在下面。

（2）小组讨论整理风车的制作材料、过程和困难之处。

制作材料：＿＿＿＿＿＿＿＿＿＿＿＿＿＿＿＿＿＿＿＿＿＿＿＿＿＿＿＿＿＿＿＿
＿＿＿＿＿＿＿＿＿＿＿＿＿＿＿＿＿＿＿＿＿＿＿＿＿＿＿＿＿＿＿＿＿＿＿＿＿＿

制作过程：＿＿＿＿＿＿＿＿＿＿＿＿＿＿＿＿＿＿＿＿＿＿＿＿＿＿＿＿＿＿＿＿
＿＿＿＿＿＿＿＿＿＿＿＿＿＿＿＿＿＿＿＿＿＿＿＿＿＿＿＿＿＿＿＿＿＿＿＿＿＿
＿＿＿＿＿＿＿＿＿＿＿＿＿＿＿＿＿＿＿＿＿＿＿＿＿＿＿＿＿＿＿＿＿＿＿＿＿＿
＿＿＿＿＿＿＿＿＿＿＿＿＿＿＿＿＿＿＿＿＿＿＿＿＿＿＿＿＿＿＿＿＿＿＿＿＿＿
＿＿＿＿＿＿＿＿＿＿＿＿＿＿＿＿＿＿＿＿＿＿＿＿＿＿＿＿＿＿＿＿＿＿＿＿＿＿
＿＿＿＿＿＿＿＿＿＿＿＿＿＿＿＿＿＿＿＿＿＿＿＿＿＿＿＿＿＿＿＿＿＿＿＿＿＿
＿＿＿＿＿＿＿＿＿＿＿＿＿＿＿＿＿＿＿＿＿＿＿＿＿＿＿＿＿＿＿＿＿＿＿＿＿＿
＿＿＿＿＿＿＿＿＿＿＿＿＿＿＿＿＿＿＿＿＿＿＿＿＿＿＿＿＿＿＿＿＿＿＿＿＿＿

制作难点：＿＿＿＿＿＿＿＿＿＿＿＿＿＿＿＿＿＿＿＿＿＿＿＿＿＿＿＿＿＿＿＿
＿＿＿＿＿＿＿＿＿＿＿＿＿＿＿＿＿＿＿＿＿＿＿＿＿＿＿＿＿＿＿＿＿＿＿＿＿＿
＿＿＿＿＿＿＿＿＿＿＿＿＿＿＿＿＿＿＿＿＿＿＿＿＿＿＿＿＿＿＿＿＿＿＿＿＿＿

任务工作单 2　分析题目

组号：＿＿＿＿＿＿＿　　姓名：＿＿＿＿＿＿＿　　学号：＿＿＿＿＿＿＿　　检索号：＿4-2＿

引导问题：

（1）小组讨论，根据任务工作单 1 和已学内容，确定这个题目适宜哪个年龄班幼儿？并说出原因。

_____

_____

_____

_____

_____

_____

_____

_____

_____

_____

（2）小组讨论，请根据确定的年龄班，设计手工活动的目标。

_____

_____

_____

_____

_____

_____

_____

_____

_____

_____

_____

任务工作单 3　制定活动方案

组号：_____　　姓名：_____　　学号：_____　　检索号：__4-3__

引导问题：

小组讨论，制定适宜的手工活动方案。

活动名称	
活动目标	
活动准备	

<table>
<tr><td colspan="2" align="center">活动过程设计</td></tr>
<tr><td></td><td></td></tr>
<tr><td>活动延伸</td><td></td></tr>
</table>

任务工作单 4　实施活动方案

组号：＿＿＿＿＿＿　　姓名：＿＿＿＿＿＿　　学号：＿＿＿＿＿＿　　检索号：＿4-4＿

引导问题：

（1）活动方案小组模拟试讲。

（2）欣赏优秀案例活动，并填写活动反思表。

（3）概括本次活动对幼儿发展的价值。

对比优秀案例活动，并填写下表。

活动反思表

序号	活动方案要素	案例优点	你的问题	原因分析
活动对幼儿发展的价值				

第五章
学前儿童美术欣赏活动的设计与指导

【案例引导】

　　吴冠中的水墨画《春如线》以千百条浓淡相宜的线条及包罗万象的绿色点彩，描绘了诗意盎然、生机勃勃的秀美春色，歌颂江南，表达自己对祖国大好风光的眷恋。春天来临之际，瑶瑶老师带领幼儿来到幼儿园隔壁的公园散步，找一找、看一看春天的变化，回到教室后，教师展示作品《春如线》，提问："你在这幅画里看到了什么？""我看到了柳树。""我看到了桃花。""我看到了小草。""我看到了红色的花。"有的孩子分享道："刚才散步时看到的小草刚刚萌芽，钻出来一点点。""桃花有的是没有开放，有的打开了。"……瑶瑶老师还鼓励幼儿用动作表现春天的事物生长的形态。虽然这幅画没有具象事物，但是孩子们的讨论热闹极了。

图 5-1　吴冠中的水墨画《春如线》

　　瑶瑶老师为幼儿创造宽松的欣赏环境，有利于幼儿积极愉悦地参与活动，户外散步中感知春天的亲身体验有效地架通孩子对春天的经验与大师的作品，让幼儿与作品的对话自然萌发、相互交融。让我们一起探讨如何基于学前儿童的能力、生活和经验，有效开展美术欣赏活动吧！

【学习目标】

知识目标：

1. 理解和掌握学前儿童美术欣赏能力的发展的阶段与特点。

2. 了解学前儿童美术欣赏活动的含义与指导要点。

能力目标：

1. 能根据学前儿童欣赏能力的发展特点与美术学科特点，设计适宜的学前儿童美术欣赏活动方案。

2. 能运用学前儿童美术欣赏活动的指导要点，尝试解决活动实践中的具体问题。

思政目标：

1. 培养对各类美术作品的审美修养。

2. 树立"儿童中心"的教育立场，设计与指导学前儿童美术活动时做到尊重儿童，心中有儿童。

3. 实施与指导学前儿童美术欣赏活动时做到行为举止大方得体，为人师表。

4. 培养活动实践的创新精神与反思意识。

【思维导图】

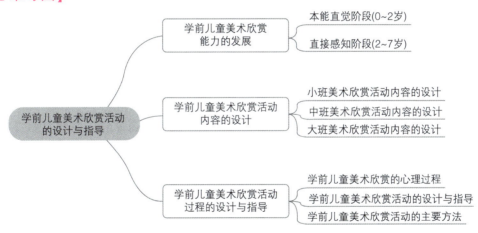

学前儿童的美术欣赏是学前儿童通过对美术作品、自然景物和周围环境中事物的认识和欣赏，从中受到艺术的感染，丰富艺术联想，以提高对艺术美的感受能力、欣赏能力的教育活动。不同年龄阶段的幼儿美术欣赏的感知能力、联想能力、情绪体验都是不同的，所以在设计学前儿童美术欣赏活动时，要考虑学前儿童的美术欣赏的年龄特点与能力水平。

第一节　学前儿童美术欣赏能力的发展

学前儿童欣赏能力的发展既受先天无意识的影响，又受后天认识能力发展的制约，经历了一个从笼统到分化，从没有标准到具有一定标准，从以自己的主观情感偏好为主到以比较客观的分析为主的过程。其主要分为本能直觉阶段（0～2岁）和直接感知阶段（2～7岁）。

一、本能直觉阶段（0～2岁）

新生儿出生后不久就对色彩和形状这两个美术基本要素具有一定的审美感知能力，但是这个时间的欣赏主要表现为对形式审美要素的知觉敏感性和注意的选择性，是纯表面的和本能直觉的，这是由生理技能组织决定的，是一种本能的快感。但是，这些本能的直觉行为为之后较高层次的美术欣赏活动做好了心理上的准备。

二、直接感知阶段（2～7岁）

随着认识能力的发展，2～3岁以后的学前儿童美术欣赏的发展不再是一种生理的、直觉的反应，开始受到社会认识的制约。在美术欣赏方面，该阶段学前儿童呈现出以下特点。

1. 自发情况下，对内容的理解先于对形式的理解

法国心理学家比纳认为，3～6岁的幼儿处于美术作品欣赏的"罗列对象时期"，这一时期的幼儿只能说出画面上的一些物体，不能认识到物体间的关系。美国心理学家加登纳在《儿童对艺术的知觉》一文中也提出，2～7岁的幼儿处于符号认知期，他们因知识经验的不足，还不能知觉艺术作品的形式审美特征。当一件作品呈现在幼儿面前时，他们首先感知到的是这件美术作品的内容，很少注意到作品的形式审美特征，他们以"求实"的态度，对美术作品内容的感知欣赏只限于画面上画了些什么，还不能深入地感知理解作品所蕴含的深刻的主题以及反映的精神内涵。

2. 教育干预下，能感知美术作品的某些形式审美特征

在线条与形式的感知方面，该阶段的幼儿总喜欢把它与具体的形象联系在一起。当线条融合在形象中，幼儿能感受到其中所表达的情感。比如，教师呈现用弧线、折线、直线等线条表现嘴巴的小人的脸，幼儿能较快地识别它们所代表的情绪特点。

在空间构图的感知方面，相当一部分幼儿已经具备了感知作品和物象的空间深度的能力，随着年龄的发展和教育的干预，这种能力不断发展，但很大程度上仍然受内容的影响。

在色彩的感知方面，此阶段的幼儿对色彩视觉效果的感受性最强，他们有了一些色彩的情感体验，但并不十分强烈、丰富，从萌芽状态的情感体验逐渐向情感联想发展，逐渐地，他们会用"高兴""快乐""开心"等词汇描述对色彩的情感体验，6岁左右的儿童则具有强烈的色彩情感体验且易发生情感联想。对色彩象征效果感受方面，幼儿的感受很微弱。

在情感表现的感知方面，在教师的引导下，大多数幼儿能感知作品的情感表现性，他们通常会从作品内容、自己的情感偏好、联想想象以及形象的形式特征等四个方面理解。

在作品风格的感知方面，存在一定的困难，往往容易受作品内容的控制。但加登纳通过研究提出，在教育干预下，大多数6~7岁的儿童能感知作品风格。通过适当的训练，幼儿能对粗糙或精细的结构加以区分，并把它们组合到自己的绘画作品中去，或者用以表达其他艺术作品的结构。

3. 喜欢感知熟悉、令人愉快的、色彩明快的作品

他们在艺术活动中的"喜欢"不仅是作为一个艺术的判断，更是作为"好""美丽""愉快"的同义词。学前儿童喜欢再现性作品和能够识别作品中描绘的对象的非再现的作品。如果被表现的形象是他们熟悉的和具有美好含义的，儿童就会喜欢；他们喜欢明快色彩的作品，随着年龄的增长，他们还会关注形式特征和技巧。

第二节　学前儿童美术欣赏活动内容的设计

学前儿童美术欣赏的内容范围和种类非常广泛，选择时应注重多样性、经典性。由于学前儿童的观察能力、理解能力及审美经验等存在较大的年龄差异，美术欣赏活动内容的选择还要结合学前儿童的能力、知识与经验，由近及远、由简到繁，有目的有计划、循序渐进地安排美术欣赏的内容。

一、小班美术欣赏活动内容的设计

小班幼儿喜欢观察与探究，但缺乏观察和探究的顺序及规律，也无法进行全面、深入、细致的观察，只能注意到事物表面的粗略轮廓；他们对自己熟悉的、情节简单、形象生动、色彩鲜明的作品具有较大的兴趣，有了初步的审美意识，但对美的感知还处在浅表层次，关注作品外在特点。因而，小班美术欣赏活动可以选择形象鲜明、造型简单、色彩明快，并能够反映他们自身生活内容的美术作品、玩具等，也可以引导欣赏日常生活和周围环境中的美好事物（比如花纹美丽的毛巾、水杯等日用品，装饰美观的玩具、表现季节特征的自然景物等）和优秀的适宜的图画书，这样易于接受和

喜爱。活动案例小班美术欣赏活动"我的夏日波点装"中，教师与幼儿共同收集身边的波点服装，观察波点的颜色、大小及排列方式。

 活动案例

小班美术欣赏活动：我的夏日波点装①

执教者：江苏省南京实验幼儿园　夏涓

活动目标：

1. 认知目标：欣赏有波点图案的服饰，感受各种大小、颜色不同的点的排列特点。

2. 能力目标：能大胆构思，绘画波点图案在夏日服装上做装饰。

3. 情感目标：愿意参加活动，享受在实物上设计的快乐。

活动准备：

1. 经验准备：幼儿已经熟悉一些常见的图案，如条纹、格子等。

2. 物质准备：收集波点服装，布置成"波点服装店"、衬好纸板的单色夏日服装、各色丙烯颜料、抹布、刷子、背景音乐。

活动过程：

1. 情境导入，引起幼儿对波点装的兴趣。

师：前面新开了一家夏日服装店，里面卖的衣服很特别，我们一起去看看好吗？（营造真实的情境，引起幼儿对波点装的关注）

带领幼儿自由参观后讨论：这里卖的服装有什么特别的地方？图案是什么？

小结：像这样有圆点图案的服装，他们叫它波点装。

2. 欣赏波点装，感受服装上各种大小、颜色不同的点的排列特点。

（1）幼儿自选喜欢的服装，并说一说为什么喜欢。

师：你喜欢哪件波点装呢？为什么喜欢？

（2）引导幼儿欣赏颜色、大小不一样的波点服装。

师：这些衣服上的波点是什么样的？这里的衣服上点点又有什么变化？你喜欢哪一件？为什么？如果你穿上这样的衣服心情会怎么样？（从波点的颜色、大小、搭配上引导幼儿分层次欣赏）

小结：原来服装上的波点有的大，有的小，还有的是大小点的组合。波点可以是一种颜色的，也可以是多种颜色搭配的，真漂亮！

3. 尝试设计绘画自己的波点装。

（1）介绍绘画材料，引起幼儿设计绘画的兴趣。

---

①　陈学群，余晖. 幼儿园优秀美术活动设计99例［M］. 北京：中国轻工业出版社，2014.

（2）探索绘画波点的方法，提出使用工具的规则。

师：谁愿意来试一试？（引导幼儿注意画面的布局，鼓励幼儿大胆创新。）

小结：使用小刷子和丙烯颜料，在衣服上画画，感觉不一样哦。请你们选择自己喜欢的颜色，画出大大小小的波点吧！不过，注意不要把颜料弄到衣服上。

（3）幼儿自由设计并装饰，教师指导。

4. 展示、评价作品。

（1）展出幼儿的作品，请幼儿相互说一说喜欢谁的作品，为什么？

（2）请幼儿穿上自己绘制的服装，表演"波点时装秀"。

二、中班美术欣赏活动内容的设计

中班幼儿观察能力有所提升，在教师引导下观察开始按照一定的顺序，并逐渐全面和准确，能够逐渐感知美术作品的形式美特征。因而，中班美术欣赏活动可以逐渐增加造型、色彩、构图有变化，表现均衡与对称美以及表现一定的思想情感和生活的美术作品、民间工艺等，比如欣赏绘本《我的连衣裙》（图5-2）中裙子的图案及图案重复变化的特点。

图 5-2　《我的连衣裙》

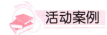

中班美术欣赏活动：泥人张①

活动目标：

1. 认知目标：了解彩塑是我国传统手工艺，欣赏泥娃娃丰富的动态和表情。

2. 能力目标：从色彩、造型方面大胆表达对欣赏彩塑的理解，并模仿感受泥娃娃的动态特征。

---

① 陆兰. 幼儿园艺术教育与活动指导：美术［M］. 南京：南京师范大学出版社，2018.

3. 情感目标：愿意在模仿泥娃娃的时候表达自己的情感，感受泥塑的艺术美。

活动准备：

1. 经验准备：幼儿有过泥塑的经历。

2. 物质准备："泥人张"的各种泥娃娃作品的实物或图片、照相机、布置场景的道具（花、汽车等）。

活动过程：

1. 出示"泥人张"的各种泥娃娃的实物或图片。

师：这是谁啊？你们看到了什么样的泥娃娃？

2. 引导幼儿欣赏，相互交流。

师：和你的好朋友一起看一看、说一说，这些有趣的泥娃娃在做什么呢？

3. 请幼儿进行集体交流，教师加以引导。

师：这个泥娃娃是什么颜色的？你能看出来它是在哪里吗？它的动作和表情是什么样子的？为什么它会做这样的表情和动作呢？

师：这个时候，泥娃娃的心里在想什么呢？你觉得它们在说些什么呢？

师：你最喜欢哪个泥娃娃？你愿意和它做朋友吗？

3. 布置场景，请幼儿模仿泥娃娃做出不同的造型和动作。

师：小朋友们，大家想一想，如果你是个泥娃娃，你会有什么样的表情和动作呢？

师：大家在做这些动作和表情的时候你们心里在想什么？谁愿意说一说？（教师帮助幼儿拍照）

活动延伸：

1. 将各种各样的泥娃娃摆放在区角，供幼儿继续欣赏。

2. 能用语言或动作表达自己对泥娃娃的不同感受。

3. 回家后给父母模仿泥娃娃的不同动作和表情。

三、大班美术欣赏活动内容的设计

大班幼儿观察事物比较细致，能关注多个细节特征及事物与事物之间的关系，审美能力逐步提高，能从对称、均衡、和谐等多种审美角度进行欣赏，并有更丰富的方式表达对欣赏对象的感受、联想与想象，能够感受和理解作品的主旨意义，了解作者要表达的情感。因而，大班美术欣赏的范围逐渐扩大，艺术表现形式也日趋丰富多样，比如油画、版画、水彩画、雕塑、民间艺术等；每种类型的欣赏内容也不断复杂化，作品表现的形象更加复杂，由单个变成多个形象，从简单场景到较复杂的场景等等；也可以增加一些抽象的、夸张的富有开放性和想象性的作品。

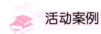 活动案例

大班美术欣赏活动：美丽的青花瓷盘①

执教者：江苏省南京市梅花山庄幼儿园　秦红

活动目标：

1. 认知目标：初步了解中国青花瓷吉祥纹饰的装饰特点和简单的纹饰寓意。

2. 能力目标：通过语言、绘画等形式大胆表达自己对青花瓷的审美感受和体验。

3. 情感目标：感受青花瓷白底蓝花、清新淡雅的色彩特点及装饰风格，喜爱中国传统的青花瓷艺术。

活动准备：

青花瓷盘图片课件、纸盘、蓝色颜料、棉签、画笔、纸盘托架、背景音乐《青花瓷》乐曲。

活动过程：

1. 谈话导入，激发活动兴趣。

师：你们都见过瓷盘吗？瓷盘是什么样子的呢？

师：今天老师带来了一些瓷盘的图片，我们一起来看一看这些瓷盘给你带来什么样的感觉？

2. 欣赏青花瓷盘，感受和初步了解青花瓷色彩、纹样的美。

（1）在优美的背景音乐中观看青花瓷盘课件，整体感知青花瓷的色彩美和装饰美。

师：看了这些瓷盘你有什么感觉？为什么？

（2）感知青花瓷白底蓝花的色彩特点。

师：这些瓷盘上有哪些颜色？白色的是什么？蓝色的是什么？（"白色的是瓷盘，上面画有各种蓝色的花纹"）

师：这些蓝色一样吗？哪里比较深，哪里比较浅？它们和白色在一起给人什么感觉？（引导幼儿从色彩搭配上感受青花瓷清新、自然的色彩美）

（3）了解"青花瓷盘"的名称。

师：你们知道吗，这些瓷盘上深深浅浅的蓝色还有一个名字，叫作"青色"。这种在白色的底上画上的青色花纹，我们中国人叫"青花"。这些瓷盘就叫青花瓷盘。

（4）感知和初步了解青花瓷盘上的各种吉祥纹样。

师：青花瓷盘除了色彩很漂亮，还有哪里让你觉得很漂亮？（"各种花纹"）

师：有哪些花纹？（"有动物的、植物的、人物的、风景的"）

师：你最喜欢哪一个瓷盘上的花纹？它是什么样子的？

---

① 陈学群，余晖. 幼儿园优秀美术活动设计99例［M］. 北京：中国轻工业出版社，2014.

小结：青花瓷盘上都是一些吉祥的花纹，不仅可以让瓷盘变得更美丽，还能把美好的祝福带给大家。比如，人们把莲花和鲤鱼画在盘子上，祝愿大家连年有余，一年更比一年好等。

（5）进一步欣赏、了解青花瓷盘花纹的布局结构。

师：我们再看看，这些美丽的花纹都画在瓷盘的什么地方？（引导幼儿了解青花花纹有的画在瓷盘的中间，有的画在瓷盘的边上，都很漂亮）

3. 绘画青花纸盘

（1）介绍材料和绘画方法。

师：小朋友喜欢青花瓷盘吗？今天老师准备了纸盘、深深浅浅的青色颜料和画笔，我们也来试试画出一个青花盘吧！

小结：想想你有什么心愿或者希望，用图案表现出来。可以先从中间画中心花纹，再画出边缘的花纹，还可以把一些中华民族的纹样表现在青花瓷盘上。

（2）幼儿绘画，教师巡回指导。

指导幼儿大胆表达自己的愿望和祝福，在绘画中可以利用棉签帮忙点画，丰富图案内容，降低表现难度。

4. 作品展示与评价

（1）欣赏幼儿作品。

师：这是我们小朋友画的青花盘，你们觉得怎么样？你觉得哪一个盘子最美，哪里最美？谁能介绍一下你的盘子上画的是什么花纹，表达了什么愿望？

（2）拓展幼儿对青花瓷的经验。

师：青花瓷有很多很多，我们今天看到的青花瓷盘只是其中的一种，还有青花瓷瓶、青花瓷碗……小朋友回去以后再找一找，看看它们都有哪些漂亮的花纹。

第三节　学前儿童美术欣赏活动过程的设计与指导

学前儿童美术欣赏活动的设计基于学前儿童美术欣赏能力的发展，并以其心理发展为出发点，了解学前儿童进行美术欣赏的心理过程。

一、学前儿童美术欣赏的心理过程

美术欣赏是理性与感性相结合的活动，学前儿童由于其心理发展水平的限制，美术欣赏中的理性成分不如成人明显。他们的美术欣赏心理大致经历准备阶段、实现阶段和效应阶段。

（一）准备阶段

形成审美态度是美术欣赏的前提，欣赏者需要对审美对象产生审美注意，即把注意力集中和停留在审美对象的形式结构上，以发展情感、想象等其他心理活动的渗入活动。审美注意的特点就在于各种心理因素倾注、集中在欣赏对象形式本身，从而充分感受线条、形状、色彩、节奏、韵律、变化、平衡、统一、和谐等形式、结构方面。

学前儿童受心理发展水平的限制，还不能完全自发地把注意集中在对象的形式和结构上面，他们常常有一种"求实"的心理，即注意欣赏对象的内容，而忽略其形式，但这使他们已具备了美术欣赏的可能性，通过引导，他们能把注意集中到审美对象的形式和结构上。

（二）实现阶段

美术欣赏是一种积极的心理活动过程，是感知、理解、想象、情感多种因素的交错融合。学前儿童首先展开审美感知，即通过眼睛，对形状、色彩、光线、空间、张力等要素组成的欣赏对象进行整体性把握，他们会主动性选择与其审美趣味相符合的部分进行转换和整合。学前儿童的审美感知具有情感表现性，他们会赋予欣赏对象一定的意义，促使欣赏对象的情感特质与主体的心理情感产生对应和交融，将自己的情感、意志、思想等投射到欣赏对象上去，激发内在的审美情感，产生审美愉悦。在这个过程中，因学前儿童有较强的通感能力，他们常常调动听觉、视觉、触觉、运动觉等多通道来感受审美对象，借助于动作、语言、表情等多种方式表达对审美对象的感受。在欣赏活动中，他们还会将自己的生活经验、审美情趣、性格、情感等直接移注于审美对象，在头脑中已有表象的基础上创造新意象或新形象，展开审美想象，形成新的审美意象，产生独特的审美感受，赋予美术作品更为丰富的个性化的理解。

（三）效应阶段

美术欣赏心理过程的最后阶段就是效应阶段，其结果是主体审美心理的变化，一方面是直接的审美判断和审美爱好的产生，学前儿童往往对欣赏对象不加过多的分析和综合，而带有强烈的感情进行判断欣赏对象是美的还是丑的，具有直觉性；另一方面是间接的审美趣味和鉴赏力的提高。长期的美术欣赏能逐渐提升儿童的审美趣味和鉴赏力，这是一个长期的教育作用的过程。

二、学前儿童美术欣赏活动的设计与指导

学前儿童美术欣赏活动包含描述阶段、形式分析阶段、解释阶段、评价阶段四个部分。

（一）描述阶段

描述阶段是指在成人的引导下，学前儿童通过观察，陈述美术作品外在的、可立

即指称的视觉对象。如果美术作品是写实的，则要指出作品包含哪些形象；如果作品是写实的，则要指出作品包含哪些形象，如作品中的人物、动物、景物、物品等；如作品是抽象的，则要指出主要的形状、色彩及其运动的取向。在描述阶段，教师应注意以下几个方面：

（1）成人应给学前儿童足够的时间进行独立欣赏，鼓励他们畅所欲言，不随意打断他们的表达，充分发挥他们的主动性。

（2）成人不要操之过急、急于讲解，这样容易固定学前儿童的思维。

（3）可以适当使用启发性的提问引导学前儿童观察、想象和语言表达，比如："你在这幅画上看到了什么？""有几个人？他们都在干什么？""你看到了什么样的线条、颜色？"等等。

（二）形式分析阶段

在描述的基础上，教师引导儿童分析作品中形象的线条、形状、色彩及构图等形式语言和对称、均衡、节奏、韵律、变化、统一等构成原理的运用。在形式分析阶段，教师应注意以下几个方面：

（1）成人应通过开放式的提问引导学前儿童与作品循序渐进地展开对话，充分地感知与讨论作品的形式。比如："你有什么样的感受？为什么有这样的感受？"的提问可以引导幼儿从内容美和形式美方面进行分析，"你喜欢这幅画吗？为什么？"可以引导幼儿理解作者的思想感情和深刻内涵。

（2）在学前儿童对具体作品进行形式分析的过程中，教师可以引导学前儿童边体验边讨论，让学前儿童在充分而感性的体验后，再进行理性的分析。美术创作是能加深学前儿童对美术欣赏的艺术语言与形式美原理的认识的最有效方式，创作与欣赏相互转换和融合。有的活动是先欣赏再创作，有的是先创作再欣赏，也有的是边欣赏边创作。

（3）充分利用学前儿童的通感能力，调动幼儿的多种感官，鼓励他们使用语言、动作、表情、音乐等方式个性化表达对作品的审美感受与审美想象，促进学前儿童自身的情感、思想、意志等与作品形式传达的情感特质产生互通交融。

（4）美术欣赏的对象类型非常丰富，进行指导时应紧扣欣赏类型的审美特征。教师需要在活动前，与作品充分对话，分析作品的特点、风格和表现手法等，然后转化成开放性的问题启发学前儿童充分地感知，畅所欲言。

（5）教师应及时进行总结，帮助学前儿童理清思路，进一步加深体验，同时也是学习观察、比较等形式分析的方法。

（三）解释阶段

解释阶段即教师引导学前儿童探讨欣赏对象所蕴含的意义，因学前儿童自身发展的原因，他们还不能对作品意义进行整体的把握，教师需要积极指导。在解释阶段，教师应注意以下几个方面：

（1）教师在活动开展前，需要对作品蕴含的意义进行合理的解释，在此基础上，引导学前儿童先理解作品各部分的意义，再根据各部分进行整体意义的探讨，比如教师可以提问："你们觉得画家为什么要这样画？"

（2）学前儿童对作品意义的解释受个人生活经验、审美经验等的影响，会不同于成人，教师应鼓励学前儿童充分发挥想象力、创造力，允许和鼓励学前儿童发表自己的见解，甚至不必拘泥于创作者原有的创作意图。

（3）教师还可以以学前儿童能够接受的方式和语言介绍创作者的生平、作品创作的背景等，丰富学前儿童的艺术知识，帮助他们更深入地理解作品蕴含的意义，但要注意应使用通俗易懂的语言，使学前儿童易于理解。

（四）评价阶段

学前儿童由于其心理发展、艺术知识与经验、生活经验等条件的限制，缺乏自主而适当的评价能力，因而学前儿童美术欣赏活动中的评价环节可以引导幼儿对作品进行审美判断以及解释作品对于人类美术活动的意义，以帮助他们从多样化的作品表达方式中吸取审美经验，提高其审美判断能力和审美趣味。在评价阶段，教师指导时需要注意以下几点：

（1）教师通常会通过提问"你觉得这幅画美吗？""你喜欢这幅画吗？""你看后感觉如何？"等问题引导幼儿进行初步的审美判断。

（2）教师及时总结作品的意义与价值，有的作品从创作方法角度，有的作品从美术形式角度，有的作品从作者创作背景与过程角度等，推进升华美术欣赏活动。

在设计学前儿童的美术欣赏活动时，并不是每个活动都需要经历这四个阶段，可以根据欣赏内容的不同及学前儿童的年龄特点等进行选择和整合。通常年龄越小，在活动中越突出感知与体验。根据学前儿童的美术经验与能力水平，活动中的创作体验方式可以转换和迁移，可以尝试运用不同的创作材料和技法。

三、学前儿童美术欣赏活动的主要方法

结合第二章第三节"学前儿童美术教育的方法"内容，从学前儿童美术欣赏活动过程的设计可以看出，观察法、对话法、体验法、讲解法是美术欣赏活动过程中使用的主要方法。

（一）观察法

不同类型的观察对象，观察的方法和侧重点是不同的，比如在欣赏建筑艺术的时候，教师可带领幼儿从整体到局部进行观察，也可以站在不同的位置进行多角度的观察。在

欣赏不同表现手法、不同形式和不同风格的作品时，还可以引导幼儿进行比较观察。

（二）对话法与联想迁移法

对话法是美术欣赏活动的主要方法，指教师、儿童、美术作品三者之间展开讨论交流的一种方法，实现教师与作品的对话、教师与学前儿童的对话、学前儿童与作品的对话，教师和儿童在欣赏中打开感官和心灵，面对优秀的美术作品，用多样化的方式充分表达自己的体验与感受，在相互激发和交流中获得审美愉悦。教师是实现学前儿童与作品的对话的中介，鼓励与启发学前儿童调动多种审美心理过程。对话过程平等自由，宽松愉悦。

联想迁移法常常伴随在对话的过程中，幼儿或自发或在引导下，有时与生活、经历、经验等发生联结，由欣赏内容联想到熟悉的环境、场景和经历；有时根据美术的特有形式想象出新的审美意象来。

（三）体验法

前面说到，美术欣赏活动中，可以为学前儿童布置与作品有关的环境或情境，或者带领学前儿童实地参观，可以进行动作想象与表演，也可以进行临摹或创作，充分让儿童动手、动脑、动口，激发学前儿童审美主动性，我们把这种方法称作体验法，包括情境体验、表演体验和创作体验。可以在欣赏活动前，可以在欣赏活动后，也可以在欣赏活动过程中。

（四）讲解法

讲解法是教师用生动而具有启发性的语言对欣赏内容、作者背景、创作经历等进行介绍。讲解应具体形象，激发学前儿童欣赏的兴趣。

在活动案例大班美术欣赏活动"眼睛里的音乐"中，教师通过提问"你看到了什么？什么样的图形？都是什么颜色的？都有什么样的线条？它们都是怎么排列在一起的？"鼓励幼儿从造型、色彩、线条等基本美术元素进行感知与观察，并通过听赏音乐、匹配音乐、动作表演、故事讲述等方法使幼儿与作品、与画家深度对话，充分体验抽象形式蕴含的审美意味与审美情感。

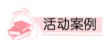 活动案例

大班美术欣赏活动：眼睛里的音乐

活动目标：

1. 认知目标：欣赏理解康定斯基的抽象派作品，感知画面线条、图形和色彩传达的韵律感。

2. 能力目标：大胆表达对《构图第八号》的感受、联想与想象，尝试自主选择材料，运用线条、形状、色彩的组合表现对音乐的感受。

3. 情感目标：体验音画合一的抽象画创作的乐趣。

活动准备：

1. 课件：康定斯基作品《构图第八号》、音乐。

2. 四组材料：

（1）勾线笔、各色油画棒、彩色卡纸。

（2）各色不同形状的磁铁玩具、白板画架、各色白板笔。

（3）光盘、各色蜡光纸、绒球、双面胶、剪刀。

（4）勾线笔、各色方形纸、剪刀、卡纸。

活动过程：

1. 游戏《会跳舞的线条》，教师轮流播放音乐片段，幼儿用勾线笔画出音乐让他们想到的线条，体验音乐与不同线条的关系。

2. 出示康定斯基的作品《构图第八号》，感知线条、图形与色彩各种要素及与音乐的内在联系。

（1）幼儿自由表达画面中的线条、图形与色彩等美术要素。

师：在这幅画里，你看到了什么？什么样的图形？都是什么颜色的？都有什么样的线条？它们都是怎么排列在一起的？

小结：这幅画是各种色彩和图形的交响乐，各种色彩和形状有的挨在一起，有的重叠，有疏有密，就像音乐有的地方节奏快，有的地方节奏慢。

（2）播放小夜曲、圆舞曲、进行曲，讨论《构图第八号》与音乐的匹配关系。

师：听一听，你们觉得这幅画和哪段音乐最像？作品里哪些地方让你觉得和这些音乐很像？给你什么样的感觉？你可以用动作来试一试。

（3）让幼儿为这幅画取名字。

（4）介绍画家，扩展思维。

3. 播放音乐《溜冰圆舞曲》，幼儿用动作、表情、语言等方式自由表达对音乐的感受，启发联想。

师：这首音乐让你有什么感觉？你觉得发生了什么？你想到什么样的线条、形状和颜色呢？

4. 幼儿自主选择材料组，尝试进行体验创作，教师巡回指导。

5. 作品欣赏，幼儿交流。

活动延伸：

展览《眼睛里的音乐》，小作者可以将音乐和绘画中的故事介绍给同伴和老师。

附：康定斯基与《构图第八号》

瓦西里·康定斯基，俄罗斯著名画家，是现代抽象艺术的奠基人。1923年他创作了这幅《构图第八号》（图5-3），和其他"构图"系列作品一样，来源于音乐标题，以数字标示作品。画面用圆形、半圆形、三角形、矩形和直线的几何形状，彼此对立又协调，自由又充满约束感，呈现出直觉表现和有意抽象形式间的关系。这些几何形状在色彩的帮助下产生相互作用，使整个画面平衡融合。他认为："由色彩和形状构成的抽象作品与那些迷人的风景画、战争场景画，甚至一段音乐一样，有着同样的力量和情感。"

图5-3　康定斯基《构图第八号》

 **思考练习**

一、选择题

1. 一般而言，幼儿欣赏美术作品喜欢（　　）。【2016年浙江幼儿教师编制考试真题】

　　A. 线条复杂的美术作品　　　　　　B. 色彩明快、鲜艳的图案

　　C. 非常夸张变形的形象　　　　　　D. 内容陌生的作品

2. 某教师在美术教育中，用叮咚的音乐声引导幼儿感知画面的雨滴，用激烈的节奏引导幼儿感知密集的线条。该教师运用了（　　）。

　　A. 作品临摹法　　B. 情境观察法　　C. 语言指导法　　D. 联想迁移法

3. 根据《3-6岁儿童发展与学习指南》，通过欣赏作品，了解作品的主题和基本内容，这是（　　）儿童美术欣赏活动的认知目标。

A. 托班　　　　　B. 小班　　　　　C. 中班　　　　　D. 大班

4. "在欣赏自然界和生活中美的事物时，关注其色彩、形态等特征。"这是艺术领域对（　　）幼儿末期发展水平突出的要求。

A. 2~3岁　　　　B. 3~4岁　　　　C. 4~5岁　　　　D. 5~6岁

5. 教师指导幼儿欣赏美术作品最基本的教学方法是（　　）。

A. 对话法　　　　B. 游戏法　　　　C. 比较法　　　　D. 体验法

二、材料分析

在大班美术活动"美丽的服装"中，某老师请幼儿观赏生活中各种服装的款式、图案、色彩、质地之后，让幼儿自主选择材料设计、装饰服装。当有的幼儿提出不会装饰或画不好时，该老师便引导幼儿再次欣赏、感受风格各异的服装，鼓励他们用自己喜爱的方式大胆表现。活动结束后，该老师请幼儿将作品展示在"服装店"，幼儿在游戏中兴致勃勃地相互介绍、推荐自己的"美丽的服装"。

问题：

（1）请结合材料分析教师组织该活动的有效方法。

（2）请对"活动延伸"提出合理建议。

 **实训任务**

设计与组织美术欣赏活动

【任务描述】

学生以小组为单位，设计一个美术欣赏活动，拟写活动方案并进行试讲。

题目：美术欣赏活动"京剧脸谱"

（1）请结合京剧脸谱的典型特征及学前儿童美术欣赏的能力水平确定年龄班，并设计活动目标、活动重难点。

（2）以京剧脸谱为欣赏对象设计一个美术欣赏活动方案。

（3）模拟面对幼儿进行互动，充分运用对话法引导幼儿进行美术欣赏。

【任务准备】

学生任务分配表

班级		组号		指导教师	
组长		学号			

组员	姓名	学号	姓名	学号

任务分工	

【任务单】

任务工作单 1　分析题目

组号：_____　　姓名：_____　　学号：_____　　检索号：__5-1__

引导问题：

（1）查阅资料，介绍国粹京剧脸谱的典型特征。

_____

_____

_____

_____

_____

_____

_____

_____

（2）小组讨论，分析题目，确定这个题目适宜哪个年龄班幼儿？并说出原因。

_____

_____

_____

_____

_____

_____

_____

_____

（3）小组讨论，请根据确定的年龄班，设计美术欣赏活动的目标及重难点。

_____

_____

_____

_____

_____

_____

_____

_____

任务工作单 2　制定活动方案

组号：＿＿＿＿＿＿　　姓名：＿＿＿＿＿＿　　学号：＿＿＿＿＿＿　　检索号：　5-2

引导问题：

小组讨论，制定适宜的美术欣赏活动方案。

活动名称	
活动目标	
活动准备	
活动过程设计	
活动延伸	

任务工作单 3　实施活动方案

组号：_____　　姓名：_____　　学号：_____　　检索号：__5-3__

引导问题：

（1）活动方案小组模拟试讲。

（2）欣赏优秀案例活动，并填写活动反思表。

对比优秀案例活动，并填写下表。

活动反思表

序号	活动方案要素	案例优点	你的问题	原因分析

第六章
学前儿童美术教育及其活动评价

【案例引导】

有趣的绘画活动结束了，每位小朋友都交上了自己满意的作品。今天画的内容是"冬天"这个主题，我又像往常一样在每次活动的最后环节评价小朋友们的作品。我把学前儿童的一大堆作品放到自己跟前，然后一张一张地评价。这时我拿出点点的作品，表扬他画得好看："瞧，点点的画多漂亮呀！画面中除了有一个大大的雪人，旁边还有小朋友在堆雪人，把屋子的屋顶画得白白的。"夸了他的作品后，我看到明明小朋友的画一点儿也不像冬天的雪景，画面中没有雪人，画面很普通，就一个简单的房子。于是，我就把点点的作品和明明的作品拿在一起对比："你们看，明明的画没有点点的画好。"接下来班级里有好几个小朋友的画都不好，我就拿画得好的小朋友的作品与之比较。在逐个评价好的作品之后，我习惯性地把好的作品挂上了主题墙，不好的作品没有挂出来。就在我上完绘画课的第二天，班里的明明小朋友的妈妈过来跟我说，明明昨天回家心情很不好，他说老师没有把他的作品挂出来，还说老师说他的画比某某小朋友的画难看。我听到她妈妈的话后，心里很不是滋味。我在想：是不是我做错了什么？于是我回家认真翻看怎样评价学前儿童作品的书籍，搜索相关资料，看了这些，还真让我受益匪浅，同时我为我的做法感到后悔。

分析：在评价学前儿童作品的过程中，不应对学前儿童的作品进行优劣比较，因为"瞧瞧，你的画不如某某小朋友的画好"这样的话，很有可能会挫伤小朋友的绘画积极性。我们应该以学前儿童的自身作为重点做纵向比较，在肯定他的进步的同时，还要发现他的优点，并多表扬。也就是说，在评价学前儿童作品时，要看看他是不是比以前进步了，如从绘画的态度、创造力等方面进行综合评价。鼓励学前儿童与自己比较。案例中，明明其实是比以前进步了许多，如果我能够懂得进行纵向比较，明明就不会受到委屈，也不会到家长那里去倾诉。在孩子看来，老师把他的画展示在主题墙就是对他的肯定，也是一种鼓励。如果老师把大家的画都展示出来，唯独没有他的，孩子就会想：为什么不展示出我的画？是不是我画得不好啊？是不是老师不喜欢我呀？种种想法会困扰着孩子，会让孩子闷闷不乐，长此以往就会打击孩子的绘画积极性，甚至会使有些孩子变得抑郁、自卑。因此，老师应该给每个孩子展示其作品的机会，体现对孩子的尊重和平等。我在那次绘画活动中，没有展示有些孩子的作品，其实已经伤害了这些孩子。因此，我们在评价学前儿童绘画作品的过程中，一定要注意保护孩子的自尊心，注意孩子积极情感的形成！①

【学习目标】

1. 理解学前儿童美术教育及其活动评价的目的、内容与原则。
2. 掌握学前儿童美术教育及其活动评价的标准与方法。
3. 了解学前儿童各年龄阶段的性格特点，以此制定相适宜的评价标准。
4. 学会运用一定标准来对学前儿童美术教学活动开展有效的评价。

【思维导图】

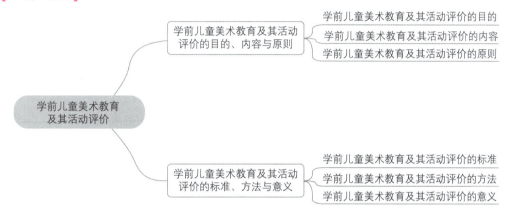

第一节　学前儿童美术教育及其活动评价的目的、内容与原则

一、学前儿童美术教育及其活动评价的目的

（一）学前儿童美术教育活动设计评价的目的

学前儿童美术教育活动及其活动设计的依据是《幼儿园教育指导纲要（试行）》（以下简称《纲要》）和《3-6岁儿童学习与发展指南》。目的设计是学前儿童美术教育评价的首个步骤。

学前儿童美术教育活动及其评价的目的

评价学前儿童美术教育活动设计之前应当先理清两个问题：首先，活动与各环节

---

①本案例由邵阳市蓓蕾幼儿园廖礼蓉提供。

是不是都有科学的依据和原则，是不是都能够以准确的课程理论为中心；其次，活动的各个部分内容结构是不是合情合理，各个环节之间是不是有高度的统一性，是不是与之前的理论指导一致。设计评价活动的目的就是让教师随时调整与改正活动设计中不适合学前儿童的环节，使学前儿童美术教育活动更科学、合理。

（二）学前儿童美术教育活动过程评价的目的

学前儿童美术教育活动的过程评价是对其活动过程中教师的美术教育行为、学前儿童的学习行为与目的完成情况所做出的评价。经过对学前儿童美术教育活动过程的评价，既可以得出学前儿童美术教育活动成功的原因，又可以收获影响美术教育活动效果的原因。这为教师修改现有的学前儿童美术教育活动提供了客观的依据，提高了教师的美术教育水平，从而达到了促进学前儿童美术教育发展的目的。

（三）学前儿童美术作品评价的目的

学前儿童美术教育活动的结果正是学前儿童的美术作品，是学前儿童对美术材料进行创造而得来的艺术造型，表现了学前儿童对周围事物的认知与感受。学前儿童美术作品评价能够明确地反映学前儿童的美术表现能力、水平与特点，同时也能够反映教师的美术教育能力。对学前儿童美术作品的评价，事实上也是对儿童美术发展能力的鉴定，更是对教师美术教育能力的审核。因而，对学前儿童美术作品的评价多半被当作对学前儿童美术教育活动结果的评价，用来评价学前儿童美术教育活动的成效和达到预期目标的程度。

而我们普遍认为，对学前儿童美术作品进行评价的主要目的是了解学前儿童的美术表现能力、水平及特点，为学前儿童之后的发展做出预判，制定下一步发展的目标，并且制订出与之相适应的教育方案，确保发展目标的实现。

二、学前儿童美术教育及其活动评价的内容

学前儿童美术教育活动评价的内容包含学前儿童美术教育活动设计评价内容、学前儿童美术教育活动过程评价内容和学前儿童美术作品评价内容三个方面。

（一）学前儿童美术教育活动设计评价内容

学前儿童美术教育活动设计评价的内容一般包括对活动目标的评价、活动内容的评价、活动策略的评价和活动资源选择与运用的评价。

1. 学前儿童美术教育活动目标评价

学前儿童美术教育活动目标是指教师对美术教育活动所能达到的教育成果的期望。我们可以从以下四个方面来对学前儿童美术教育活动目标进行评价。

（1）活动目标要符合学期目标内容。

（2）活动目标的表述必须具有统一性。

（3）活动目标的构成要包含思政目标、情感目标、技能目标与创造目标。

（4）活动目标的确定应当具体、可操作性强。

比如，纸手工活动"有趣的纸人物"的目标表述为：

（1）多感官地感受立体纸造型和色彩搭配的特点，欣赏艺术美。

（2）掌握用整张纸进行折叠、剪切、粘贴后得到的造型，表现出人物特征。

（3）具有属于自己的创造性思维与创意行为。

这种目标不但能使评价者根据目标来测试学前儿童达到目标的程度和效果，并且有利于教师在活动指导过程中明确活动目标，根据学前儿童语言、行为、态度、反馈信息及时调整指导策略，从而完成目标任务。

2. 学前儿童美术教育活动内容评价

学前儿童美术教育活动目标能够实现的重要手段是美术教育活动内容。《纲要》中明确提到："应既考虑儿童的现有水平，又有一定的挑战性；既符合儿童现实需要，又有利于其长远发展；既贴近儿童的生活来选择儿童感兴趣的事、物和问题，又有助于儿童经验的积累和视野的拓展。"因此，根据学前儿童身心发展规律及《纲要》的要求，学前儿童美术教育活动内容评价主要有以下四个方面。

（1）活动内容要和活动目标一致。

（2）活动内容要适合学前儿童的最近发展区。

（3）活动内容要贴近学前儿童的生活。

（4）活动内容应该体现整合的理念，尽可能地多向其他领域进行有机渗透。

比如，泥塑活动"我的爸爸"。爸爸是学前儿童生活中最熟悉、最亲近的人，学前儿童能够较准确地讲出爸爸的外形及特点，因而教师确定的内容适合于目标的达成，并且也符合学前儿童的实际表达能力。另外，在塑造"我的爸爸"时，教师与学前儿童讨论爸爸工作的辛劳，培养幼儿爱爸爸的情感，这也是美术教育与社会教育的结合。在塑造活动结束时，教师可安排幼儿歌唱颂扬爸爸的曲目，从而渗入音乐教育的内容。将各个领域的内容紧密结合，能够更好地促进学前儿童的全面发展。

3. 学前儿童美术教育活动策略评价

实现学前儿童美术教育活动的重要措施是学前儿童美术教育活动策略。学前儿童美术教育活动策略的主要评价内容有以下四个方面。

（1）教学方法应该符合教学活动的内容、目标及本班幼儿的年龄特征，只有这样才能调动幼儿学习美术的积极性，进而达到教学目标。

（2）教育活动的组织形式要根据实际需要进行合理安排，尽可能多地运用各种形式，为学前儿童提供多种学习机会。

（3）活动过程的结构应该严谨，内容形式要环环相扣，要接纳和尊重学前儿童的个性差异，表现出教师与学前儿童之间的友爱互动。

（4）有效运用多种媒体手段，体现现代教育思想的趣味性、实践性、直接性、形

象性和美观性。

4. 学前儿童美术教育活动资源选择与运用的评价

美术教育资源的范围很广，学前儿童美术教育活动达到预期目标的重要物质保证是美术教育活动进行的物质环境和学前儿童美术表达表现的操作材料。我们可从以下三个方面进行学前儿童美术教育活动资源选择与运用的评价。

（1）可以立竿见影地达成美术教育活动目标，切合教学活动的内容。

（2）所创设的空间设备、选择的操作材料与教具应该适宜美术教育活动的顺利进行。

（3）所选用的工具和材料应当便于学前儿童操作。

总而言之，如果要对学前儿童美术教育活动设计进行评价，则应该对学前儿童美术教育活动系统中的每一个相关元素做出充分、合理的考虑和调整，以保证学前儿童美术教育活动的高效开展。

（二）学前儿童美术教育活动过程评价内容

我们可以从学前儿童美术的学习表现和教师的美术教育行为这两方面来对学前儿童美术教育活动过程进行评价。

1. 学前儿童美术学习行为评价的内容

在学前儿童美术教育集体活动中，教师主要从学前儿童在活动中的情感状态、学习能力表现和知识技能的掌握这三个方面进行评价。

（1）学前儿童参与活动的情绪、情感状态。学前儿童参与活动的情绪、情感状态反映出了教育活动内容、材料和方法的选择是否恰当。

（2）学前儿童学习能力的表现。判断学前儿童学习能力的重要指标是学前儿童的学习状态与学习水平。

（3）学前儿童对知识技能的掌握。可对照预定目标逐条检验完成的情况，了解活动实现预定目标的程度，并关注学前儿童美术活动还有哪些新的教育价值。

2. 对教师美术教育行为的评价

教师在美术活动中的行为可使学前儿童在美术活动中受到教育，使学前儿童的美术表现能力得到提高。我们可以从以下三个方面对教师美术教育行为进行评价。

（1）活动目标。活动目标是指教师寄望通过教学活动达到的教育结果。从两点入手：一是分目标与总目标之间的联系是否紧密统一；二是活动目标是否适合学前儿童的实际情况。需要注意：要结合班级目标和本班学前儿童的实际情况来判断活动目标是否合理。

（2）活动内容和工具材料。活动目标与活动内容和工具材料既互相影响又相互联系，因而在评价活动内容和工具材料时，要考虑相关的因素。评价各个因素存在的合理性应该以活动的整体效果为依据。活动的工具材料应准备充分。

（3）活动过程。

①教师的教学活动准备：熟悉活动内容，活动开始前，应充分考虑活动所需场地、工具、材料等，了解学前儿童知识水平与技能水平的高低、学前儿童正常水平和个体差别。

②教师的教学活动设计：活动设计的结构合理与否，目标明确与否，内容是否为学前儿童所接受和理解，具备独创性与否。

③教师的教学活动组织：教师能否有次序地执行教育活动的计划，能否调动大多数学前儿童的活动主动性和积极性，能否根据学前儿童的实际情况来灵活调整活动目标与计划等。

④教师的教学活动指导：如何有效地激发学前儿童创作的欲望；对学前儿童的活动意图是否了解，以便帮助他们实现自己的构思；能否适时地给学前儿童以具体帮助，及针对个别差异进行指导；讲解示范是否清晰、熟练、准确。

（4）活动效果。教学效果主要是从学前儿童创作的作品和行为表现中反映出来的，包括活动中学前儿童专注力是否集中，情绪是否愉悦，能否坚持完成作业，完成作品的积极性、主动性如何，创作的质量如何，等等。

3. 教师评价学前儿童作品时的注意事项

（1）明确目的性。教师只有在评价作品过程中给予学前儿童充分的肯定，鼓励学前儿童大胆尝试，在尝试中学前儿童的情绪得以释放，学前儿童的个性才能得到张扬，好奇心获得满足，未来才会有长足的进步。

（2）重视学前儿童的自我评价与对他人的评价。评价的真正主体是幼儿，而参与到评价中时，形式应该多种多样，让幼儿完整地表述自己的想法和情感，引导他们发现问题，才能提高他们自我评价、相互评价的能力，才能使他们在自我评价中发现自我、赏识自我、表现自我进而提高自我。所以，教师应该与学前儿童一起评价，形成真正的师幼互动评价。

（3）教师应合理安排评价时间。

（4）应有效防止评价的片面性。比如：有一次，张老师组织孩子们画树叶，有个小女孩在纸上乱涂乱画。突然，她在纸上发现了许多小叶子，老师这时幽默地说："你和小叶子捉迷藏呀? 找到了这么多小叶子，你真棒!"老师的鼓励不但引起了其他小同伴的赞赏，同时也帮助她建立了对美术的兴趣。如果教师对她的这个发现无动于衷，甚至于指责她没画好树叶的话，就会打击她的自信，甚至使她丧失学画画的勇气。

（5）重视评价的能动性。

（6）了解评价的过程性。教师应把握评价的着重点，不仅要关注结果，而且要关注过程。

（三）对学前儿童美术作品评价的内容

美术作品是学前儿童美术活动的结果，它能够明确地反映学前儿童的美术表现能

力、水平与特点。如果要评价学前儿童的不同美术作品，可以从以下四个方面进行。

（1）构图。看整个画面的饱满程度，主次是否分明，主体与背景之间是否具有协调性。

（2）造型。看线条是否流畅和形象是否准确、生动。

（3）色彩。看色彩是否鲜明，能否突出学前儿童自己主观感受到的色彩。

（4）创意。看是否有创造性思维来理解主题。

在美术作品的评价上，应做到"因人而异、因材施教"。学前儿童都是有个性差异的，应该打破要求的统一性，不可用"是否逼真"来评价他们的作品；多从个体的成长发展来评价，尽量找到其擅长之处并加以鼓励。对于学前儿童的不足则要用真诚的态度、轻松的方式、商量的语调提出修改的意见，而改进的意见也应是具体的、学前儿童可以理解和执行的。

 活动案例

画大树事件

今天下午的一节美术活动课要求幼儿画大树。在教学过程中，我在黑板上示范画大树的基本要领，幼儿能听得很投入。在我将示范画画好之后，我要求幼儿也画一棵大树，幼儿们很快地拿出笔开始勾画。我班很多幼儿都能按照老师的要求画一棵大树。我为自己这次活动的成功感到高兴，因为幼儿们都能按照老师的要求画一棵很标准的大树。

（分析：绘画是一种创作活动，所以教师的任务是引导、启发、鼓励幼儿创新，而不是自我重复和模仿他人。在教学中直接教图形简笔画，让幼儿模仿，不利于幼儿大胆地自由表现。）

正当我扬扬得意地巡回看幼儿作品的时候，我看到点点在纸上画了许多棵树，画面上的大树排成了人字形……我看了点点的作品后，有点儿不满意，觉得他没有按照老师的要求绘画，不像其他幼儿那样在纸上画一棵大树，而是在纸上画了那么多棵大树。这时，我的第一反应是："哎呀，你在画什么呀？你看看别人是怎么画的，你干吗画那么多大树呀？一点也不好看！"说完，我头也不回地走了。等活动结束的时候，我表扬了班级里所有画了一棵大树的小朋友，唯独没有表扬点点。别的小朋友脸上露出了自豪的表情，唯独点点一脸的委屈，眼里有隐隐的泪水。这时，我脑海有了许多思绪……

（分析：一个完整的绘画活动，想要发挥它的教育功效，就不能缺少教育反馈这一环节。对教师来说，有两种不同的评价角度，一个是从成人的角度，通过评价辨别，找到指导重点、难点；另一个是给幼儿提供积极有效的反馈，以增强其创作情感。特别是后者，教师在以各种方式表现对绘画活动的评价时，应注意观察作品，判断其是否与幼儿该阶段的表现方式相符。在幼儿绘画过程中，教师绝不要指责孩子画得准不准，更不能把自己的思想强加给他们，这样只会打击孩子的自信心，甚至使他们丧失继续作画的勇气。在上述案例中，点点没有按我的要求画一棵大树，而是画了许多大树。当点点的作品不符合我的要求时，我应该站在孩子的角度去欣赏他的作品，保护他的绘画积极情绪，我可以说："其实点点小朋友的树画得很有创意，一排人字形的大树，跟别的小朋友画的不一样。"但之前那一句话其实已经深深地伤害了孩子的自信心，扼杀了孩子心中已萌发的创意。作为新时代的老师，此举不妥。）

三、学前儿童美术教育及其活动评价的原则

（一）客观性原则

美术教育评价的客观性原则，是指进行评价时应以客观事实为依据，依据科学的标准对美术活动的过程和结果进行分析判断，把握美术教育和美术教育评价的客观规律。

（二）激励性原则

美术教育评价的激励性原则，是指美术教育评价要激励评价对象前进、促进其发展，所以评价应促使被评价对象继续努力，并在进一步的活动中克服不足，增强并提高活动效果的动机或期望。

（三）时效性原则

美术教育评价的时效性原则，是指在美术教育评价活动中帮助被评价对象找出学习中的问题，并对其提出有价值的建议，则这种评价就具有切实效果，实现了评价应有的价值。

（四）尊重性原则

美术教育评价的尊重性原则，是指在美术教育活动评价的实施过程中应该充分尊重被评价者。对学前儿童美术能力发展的评价应坚持客观、公正的态度，同时应该引导学前儿童在作品中注意扬长避短。同时也要尊重美术教育活动中教师的劳动成果，因为活动评价是建立在评价者和被评价者之间的平等关系之上的。美术教育活动评价的客观公正性促进了美术教育活动改革和美术教育活动质量的提高。

第二节 学前儿童美术教育及其活动评价的标准、方法与意义

一、学前儿童美术教育及其活动评价的标准

学前儿童美术教育及其活动评价的标准可分为学前儿童美术教育及其活动设计评价的标准、学前儿童美术教育及其活动过程评价的标准和学前儿童美术作品评价的标准。

（一）学前儿童美术教育及其活动设计评价的标准

学前儿童美术教育活动有着不同的类型，对不同类型的活动方案的评价也有不同的指标。学前儿童美术教育活动方案评价包括活动目标、活动内容、教育活动、活动策略、环境创设以及材料准备这几个方面的内容。下面的学前儿童教育活动方案评价表（表6-1）仅供参考。

表6-1　学前儿童教育活动方案评价表①

评价内容	项目	评价标准	评价等级				评分
			优	良	一般	差	
教育活动方案评价	对教育活动目标的评价（0.30）	活动目标应该符合学前儿童身心发展的实际水平（0.15）	10	8	6	4	
		目标贴近学前儿童的身心发展，既适应学前儿童已有的发展水平，又促进其达到新的发展水平（0.20）	10	8	6	4	
		目标包含情感、态度、能力和知识技能几个方面（0.20）	10	8	6	4	
		目标，既满足了社会的要求，又为社会生活所需要（0.10）	10	8	6	4	
		目标确立很明确具体，并可操作性强（0.15）	10	8	6	4	
		目标之间环环相扣（0.20）	10	8	6	4	
	对教育活动内容的评价（0.25）	内容必须与目标一致（0.10）	10	8	6	4	
		活动内容以学前为主题，内容既全面且适量（0.20）	10	8	6	4	
		活动内容应有科学性，体现各领域各门学科的特色，符合学前儿童年龄特征；过程层次清楚，环节衔接自然紧凑，重点难点突出（0.30）	10	8	6	4	
		活动内容符合本班幼儿学习需求及天性发展，注重创新和实践能力的培养，注重个别学前儿童教育（0.30）	10	8	6	4	
		活动内容与本地传统或本园特色相结合（0.10）	10	8	6	4	

①霍力岩. 学前教育评价［M］. 北京：北京师范大学出版社，2000.

续表

评价内容	项目	评价标准	评价等级				评分
			优	良	一般	差	
教育活动方案评价	对教育活动策略的评价（0.30）	教育活动的组织形式要合理安排，积极采用各种形式，为学前儿童提供多样化的学习机会，以提高效益（0.25）	10	8	6	4	
		活动过程的结构应该严谨，环节紧扣，要接受学前儿童的个体差异，并体现出教师与儿童之间的友爱互助（0.25）	10	8	6	4	
		教学方法适宜教学活动目标、内容和符合学前儿童的年龄特征，能够调动起学前儿童学习的积极性，并达到目标（0.30）	10	8	6	4	
		合理运用多媒体手段，体现现代教育思想，体现情趣性、操作性、直观性、形象性、审美性（0.20）	10	8	6	4	
	对教育活动环境创设及材料准备的评价（0.15）	能根据教育目标，创设活动环境，准备活动材料（0.25）	（1）能根据内容备足材料，为学前儿童提供充分参与的机会和条件（0.60）	10	8	6	4	
			（2）能通过本活动来反映教育的任务与内容，向家长提供各种丰富的教育信息（0.40）	10	8	6	4	
			（3）能够保障学前儿童的安全（0.35）	10	8	6	4	
			（4）满足学前儿童身心发展的基本需要，符合学前儿童身心发展的水平与特点（0.40）	10	8	6	4	

注：1. 评分方法：①每一个大项的得分＝每一个小项的得分×该项的权重（括弧里的数值）并相加，如目标评价里的所有六项前四个小项是10分，后两个是8分，算法应该为10×0.15+10×0.2+10×0.2+10×0.1+8×0.15+8×0.2＝17.7）②总得分＝每一个大项的得分×该项的权重并相加。

2. 评价等级：采用10分制。优10分，良8分，一般6分，差2分及以下。

（二）学前儿童美术教育及其活动过程评价的标准

学前美术教育活动过程评价的标准，一般是从幼师美术教育行为评价的标准和学前儿童美术学习行为评价的标准两方面进行的。

1. 幼儿美术教育行为评价的标准

下面的幼师组织教育教学情况评价表，主要着重于评价"幼师组织实施教育活动过程中的主要教育行为"。

表6-2 幼师组织教育教学情况评价表①

幼师姓名： 　　　年　　月　　日

		评价标准（优等标准）	评价等级			评分
			优	良	差	
直接教育	活动目标（20）	依据国家规定的学龄前幼儿园课程改革标准确定教育目标	8	6	4	
		先确定好目标，再依据目标选择内容和方法	6	4	2	
		目标比现有水平高的视为本班儿童现有水平	6	4	2	
	活动条件（30）	根据教育目的，需以循序渐进为原则，有计划地选择和组织教育内容，提高幼儿的实际水平和兴趣	6	4	2	
		根据教育内容为学前儿童创设、提供充分参与、交流的条件、机会并准备相应的设备、材料	8	6	4	
		幼师应关注和肯定每个学前儿童的努力和进步，允许学前儿童保留自己在学习方法上的个人特点和按照自己的速度与方式学习发展。理解、接受学前儿童的表现	8	6	2	
		学习建立良好的常规，幼师要做到收放有度，学前儿童活而不乱	8	6	2	
	活动方式（30）	幼师为学前儿童创设必要的条件的同时，可以制造轻松愉快的环境，帮助学前儿童在相互交往中组织自己的思维	10	6	2	
		各种活动中要体现层次分明，过渡自然，引导学前儿童从不会到会	10	6	2	
		指导方法应符合所学内容的特点和学前儿童的学习特点	10	6	2	
	活动结果（20）	每位学前儿童在自己原有的基础上有所提高，多数学前儿童能准确完成学习任务	8	6	4	
		要促使学前儿童情绪愉快、感知敏锐、思维活跃、想象丰富、记忆较牢	6	4	2	
		学前儿童之间的各种差距在逐渐缩小	6	4	2	

2. 学前儿童美术学习行为评价的标准

从某一门艺术表现的构思到完成作品的过程称为美术活动过程，其中不仅包括

①霍力岩. 学前教育评价［M］. 北京：北京师范大学出版社，2000.

内部的心理活动，还包括外部的行为表现，而这两方面在实际活动中是融为一体的。制订评价的参考标准，可使评价易于操作。陈帼眉从情感态度、方法技能、知识能力等方面出发，把学前儿童在美术活动过程中的表现具体分为九个方面，每个方面又分为四种水平的行为表现，操作者能够迅速准确地确定学前儿童行为表现的情况（表6-3）。

表6-3　学前儿童美术活动表现情况评价表①

1. 构思方面	构思方面在于观察和评价学前儿童是否能在创造之前，能够预先想好创造的主题和内容的标准，具体可分为以下四种水平： （1）事先能构思出主题和主要内容，动手之后，围绕构思再进行创造； （2）预先想出部分局部内容，完成之后，再做出新计划； （3）先动笔后构思，由动作痕迹出发，想到什么画什么； （4）只限于动作活动，没有形象创造，表现为在纸上随意涂抹或反复掰泥、撕纸
2. 主动性方面	主动性（主观能动性）方面是观察与评价学前儿童在发起和投入美术活动时的情况的标准，具体可分为以下四种水平： （1）通过自身兴趣、愿望支配，自主进行美术活动； （2）由特定材料事物引发，开始进行美术活动； （3）跟随型，看到别人从事美术活动，自己也跟着做； （4）在成人的要求下开始美术活动
3. 兴趣性方面	兴趣性方面是判断学前儿童是否情愿投入美术活动，在活动中是否有热情，感到愉快和满足的标准，具体可分为以下四种水平： （1）自主从事美术活动，表现出对美术活动的极大热情，完全沉浸在活动之中不受外界的打扰； （2）欣然从命，愉快地从事活动，在做的过程中会自言自语地流露出愉快之情； （3）对美术活动迟疑不前，活动中，企图离开或展望别人做什么； （4）不同意、拒绝参加美术活动
4. 专注性方面	专注性方面是观察评价学前儿童对美术活动的注意力集中于持久的程度的标准，具体可分为以下四种水平： （1）可以长时间地持续从事既定活动，不受外界的影响； （2）虽然中途偶尔有离场但还会自动回来，直到完成活动； （3）需要他人的鼓励才能完成活动； （4）不能把活动完成，中途改变活动

①陈帼眉. 学前儿童发展与教育评价手册［M］. 北京：北京师范大学出版社，1994.

续表

5. 独立性方面	独立性方面是判断学前儿童能否自己决定活动任务，并完成任务的标准，具体分为以下四种水平： （1）自己独立完成任务； （2）通过请教他人才能完成任务； （3）通过效仿他人来完成作品； （4）需要在他人的帮助下完成作品	
6. 创造性方面	创造性方面是判断学前儿童在美术活动中是否具有独创性和表现意思与能力的标准，具体分为以下四种水平： （1）具有创造性的构思与利用材料进行造型； （2）利用学过的造型式样、方法和技能进行造型； （3）反复运用学过的造型试验、方法与技能进行造型； （4）完全按照幼师当时传授的造型式样、方法与技能进行造型	
7. 操作的熟练性方面	操作的熟练性方面是判断学前儿童从事美术活动时，动作是否灵活、准确的标准，具体分为以下四种水平： （1）操作连贯、一次性准确地完成动作，并且作品质量好； （2）操作平稳，但欠准确，中间需要修改，较好完成作品； （3）操作笨拙、迟缓、准确性差，有失误，不知修改，作品很粗糙； （4）操作笨拙且有误，只会重复性动作，无法完成作品	
8. 自我感觉方面	自我感觉方面是判断学前儿童对自己美术成果的看法如何的标准，具体分为以下四种水平： （1）自认为很成功，主动请人欣赏自己的作品，并讲解作品的含义，能大方地将作品赠送他人； （2）自认为满意，不主动展示，对他人的赞赏感到愉悦，期望保存作品； （3）自认不太成功，认同他人观点，愿意把作品上交给老师； （4）觉得沮丧，不在意他人看法，不关心作品去向或扔掉作品	
9. 习惯方面	美术活动中的很多习惯是多方面的，常说的习惯可以指个人的习惯做法、美术风格等，也可以说是大家都要自觉遵守的惯例和秩序。这里讲的是后者，共提出两项，目的在于判断学前儿童在美术活动中能否有步骤、有秩序地工作： （1）工作顺序性方面：①有顺序、分步骤地完成作品；②弄错步骤，发现后及时纠正，完成作品；③随意且混乱地完成作品，作品有瑕疵；④只能完成一部分，作品功亏一篑。 （2）保持工具材料的秩序方面：①工具材料保持固定的位置，用时取出，用后放回；②基本保持原位置，使用后能找到；③杂乱摆放，用后乱放，要用时找不到；④随意摆放	

（三）学前儿童美术作品评价的标准

1. 学前儿童美术作品的主观评价标准

因为学前儿童的身心发展与成长是通过美术表现体现出来的，所以罗恩菲尔德将美术作品中所反映的学前儿童的感情、智能、身体动作、知觉、社会性、美感、创造性七个方向的发展作为评价的标准，还联系不同美术发展阶段中学前儿童美术发展的特色，把这七个方面的成长情况进行量化，为评价学前儿童美术作品制定了主观评价标准（表6-4）。

表6- 4　学前儿童美术作品的主观评价表①

评价项目	成长的属性	很少	一些	很多
感情的成长	非定型的表现			
	非概念性的表现			
	经常改变的表现			
	自我经验的表现			
	自由地使用线条和笔触			
智能的成长	细节的体现			
	富于变化			
	主动知识的呈现			
身体的成长	视觉和动作的相互协调			
	动作的表现			
	动作意向的投射			
	技巧熟练			
知觉的成长	视觉经验的表现：光、影、空间透视、颜色变化			
	非视觉经验的表现：触觉、纹理组织、听觉			
	运动经验的表现：在作品中反映自己的经验			
社会性的发展	体会别人的需求			
	展现社会环境的特征			
	融入团体制作			
	接受其他文化			
	愿意与人合作			

---

① [美] 罗恩菲尔德. 创造与心智的成长 [M]. 王德育, 译. 长沙：湖南美术出版社, 1993：44-45.

续表

评价项目	成长的属性	很少	一些	很多
美感的形成	思想感情和知觉的整合			
	对色彩调和的敏感性			
	对纹理调和的敏感性			
	对线条调和的敏感性			
	对形体调和的敏感性			
	偏爱装饰性的设计			
创造性的发展	不抄袭			
	不模仿			
	独创性			
	表现形式与众不同			
	作品整体风格与众不同			

2. 学前儿童美术作品的客观评价标准

因为学前儿童的身心发展与成长是通过美术表现体现出来的，所以罗恩菲尔德认为应不仅要从学前儿童的成长这一角度来评价学前儿童的美术作品，还要从发展的阶段、技巧和作品的组织三个方面来进行客观的评价，尽管这些客观评价是主观评价的补充。罗恩菲尔德也从发展阶段、技巧和作品的组织三个方面为学前儿童美术作品制订了客观的评价标准（表6-5）。

表6-5　学前儿童美术作品的客观评价表①

评价项目	评价标准	评价等级		
		很少	一些	很多
发展阶段（表现是否符合所属阶段特征）	人物			
	空间			
	色彩			
技巧性	所用技巧适于表现			
	所用技巧是作品整体的一部分			
	作品中所呈现的努力程度			
作品的组织	作品的一部分有细节表现			
	作品的一部分表现了真实环境			
	作品的一致性			
	作品任何改变影响作品意义的程度			

---

① ［美］罗恩菲尔德. 创造与心智的成长 ［M］. 王德育，译. 长沙：湖南美术出版社，1993：44—45.

续表

自我体验程度	是	否
1. 经常的定性重复		
2. 偶然的定性重复		
3. 客观的报告		
4. 在客观报告中加入特殊的特征，而包含一些自我		
5. 直接或间接地包含自我		

二、学前儿童美术教育及其活动评价的方法

学前儿童美术
评价的方法

学前儿童美术评价的方法有很多。这里所提到的评价方式，实际上是指收集评价资料信息的方法和如何将资料信息进行记录的方法。学前儿童美术评价中经常使用的有观察法评价、作品分析法、访谈评价法、测查评价法、档案袋评价法等。

（一）观察评价法

常用的观察评价法是指通过人体感官或外在辅助仪器，有目的、有计划地对所要观察对象自然状态的现象或行为系统进行连续的观察、记录、分析，从而对观察对象做出评价的一种资料收集方法。观察评价法通常具有自然性和直接性。观察评价法是在自然获准自然状态下进行的，因而具有自然性。观察法观察的是正在发生的真实情况，观察者可亲身感受被观察者的所处环境和活动，因而具有直接性。观察法特别适合于学前儿童，因此在学前美术教育评价中应用最为广泛。

通常使用的观察法应用范围很广泛，用到的方法也比较多，经常使用的观察法有行为核对法、情景观察法。

（二）作品分析法

这里所说的作品分析法是根据学前儿童的各种美术作品，对其美术作品发展水平或美术教育活动效果进行检查的方法。美术作品能清晰地反映学前儿童美术能力的水平和特点。可以长时间反复地分析一幅美术作品或者将美术作品放在一起进行对照比较，作品分析法是一种简单易行的评价方法。

作品分析法的优点在于资料普遍比较容易收集，幼师有充足的时间对学前儿童的作品进行分析、比较，使评价更加客观准确。而缺点是只能比较多地反映当前教学的效果，无法系统、完整地了解他们的美术学科素质发展水平。所以评价往往要结合多种方式来进行。

（三）访谈法

访谈法是指评价者通过与被评价者进行面对面的交谈，以口头问答的形式进行，并对谈话内容进行记录、分析的一种评价方法。访谈法的运用能较深入地了解幼师设

计组织美术活动的指导思想和美术教育理念。

访谈法的优点是谈话的过程直接、深入，获得的资料可靠，有利于谈话对象发挥主动性；而缺点是样本较小，获得的资料比较难以标准化，对访谈者素质要求很高，访谈者的价值观、态度、谈话水平、语气等都会影响评价对象，导致偏差，对被调查者的心理状态不好控制，有一定的局限性。

（四）测查评价法

测查评价法又称测试法，需要预先准备好问题来测试学前儿童的美术能力发展水平。测查评价法由测试题目和测试程序构成，而编选测试题目、准备测试材料、设计记录表格和拟定评分标准这四个步骤为测查评价法的基本步骤。

测查评价法的优点是能够同时对大量的对象进行测评，能较短的时间内获得大量的反馈信息，便于量化和统计分析。此种评价法是作为绝对评价，即把某一学前儿童的美术作品与理想的评价标准比较而进行的。

（五）档案袋评价法

档案袋评价法是指幼师有计划、有目的地收集各类学前儿童美术作品，它能反映学前儿童在一段时间内美术方面的具有代表性的真实作品和典型表现记录，以此分析、判断他们的美术能力发展状况的一种评价方法。在建立学前儿童档案的过程中，教师既是欣赏者，也是建议者、加工者、整理者。例如，将他们的泥工、手工作品拍成照片，把他们的绘画、剪纸作品标上日期，把他们对自己作品的解释描述整理成文字并加以标注等。档案袋评价法是比较科学的评价方法。其记录方式有原始作品的呈现、照片记录、文字表述、录音录像等不同形式。当然，该评价法还需要结合其他方式的评价，来提高评价的可信度。

三、学前儿童美术教育及其活动评价的意义

（一）了解学前儿童美术发展当前达到的水平

应该全面了解学前儿童的实际发展情况，特别要避免只注重知识技能的掌握，忽视情感、社会性和实际能力的片面性倾向。所以，学前儿童美术教育评价的主要目的是以发展的眼光看待学前儿童，既要认识其现有水平，同时又要关注其发展的速度、特点和倾向，根据评价结果，总结出学前儿童美术发展的规律和一般特征，为教师更好地设计美术教育活动提供依据，促进学前儿童的发展。

（二）对以往的学前儿童美术教育做出反思

教师通过以往的学前儿童美术教育工作的评价，可以及时发现美术教育过程中的新问题、新情况，检验幼师制定的美术教育目标、选择的美术教育内容、活动的组织过程等是否符合学前儿童的年龄特点、发展水平，从而对教育活动的各个环节做出反思，总结出成功的经验和失败的教训，促进幼师专业成长。

（三）促进学前儿童美术教育的发展

对学前儿童美术教育评价的根本目的是促进学前儿童美术教育的发展。美术教育的发展，有赖于学前儿童美术能力和幼师美术教育质量的提高。幼师应通过对学前儿童美术能力及美术活动的评价和反思，对学前儿童发展水平的了解和自己的教育知识与经验预测学前儿童未来的发展，并进一步确定出新的教育目标，以及与之相适应的教育方案，更好地促进美术教育的发展。

总之，学前儿童美术教育评价的目的是关注学前儿童和幼儿教师的可持续发展。在《幼儿园教育指导纲要（试行）》的精神指导下，充分体现出学前儿童美术教育评价的发展性功能，强调以参与评价的学前儿童和幼师的发展为本，尽可能地使他们的素质得到整体而充分的发展，并在真实的情境中关注他们的变化与成长的历程。

 活动案例

学前儿童美术作品评价活动"儿童乐园"①
（自我评价）

活动目标：

1. 感受作品表达的快乐心情。

2. 能对作品中的人物动态表现方法进行评价。

3. 能大胆地用肢体语言表达自己的审美感受。

活动准备：

（一）经验准备

1. 能根据自己的意愿画出简单的人物动态。

2. 能对作品中的人物动态进行自我评价：画了哪些人物，哪些动态，为什么选择这些内容，最喜欢的地方或不足之处。

（二）物质准备

依据教学目标，收集三幅代表学前儿童不同学习水平的作品。

1. 学前儿童画的《攀登的小朋友》：动作到位，学前儿童对动态掌握得很好。

2. 学前儿童画的《奔跑的小朋友》：学前儿童对动态掌握得比较好。

3. 学前儿童画的《跳绳的小朋友》：学前儿童对动态掌握得稍差。

活动过程：

教师引导学前儿童观察三幅作品，并做出各自的评价（仅呈现对话片段）。

（一）评价《攀登的小朋友》：动作到位，学前儿童对动态掌握得很好

师：这位小朋友在玩什么呢？（启发学前儿童说话）

———————————

① 本案例由邵阳市蓓蕾幼儿园范一俏提供。

生：在攀登架子。

师：说说你是怎样画攀登的动作的？

生：手要伸得高高的，一条腿抬上去，一条腿在下面，这样就不会摔下来。（一边说着一边还做起了攀登的动作）

师：你觉得你画得怎么样啊？

生：（自信地）我觉得我画得很好，画出了攀登的动作。

师：嗯，真不错！你把怎样画攀登告诉小朋友了。那么，怎样才能攀登得更高呢？（教师提出了更高的要求）

生：手伸得再高一点儿，一条腿站得更高一些。

师：真好，我们学会攀登了！

（二）评价《奔跑的小朋友》：学前儿童对动态掌握得比较好

师：这位小朋友在做什么呢？

生：他在儿童乐园跑过来跑过去，非常开心。

师：嗯，老师也看出来了。告诉大家，你是怎样画奔跑的小朋友的？

生：（边比画边说）两条手臂要向前后摆动，两条腿要前后分开。

师：那如果想画跑得快的动作，该怎样画呢？

生：嗯，腿要分得再开一些。我还可以画飞起来的小朋友呢！

师：哇！真的吗？（表现出惊奇的眼神）这个你也会呀，怎么飞？

生：很容易啊，只要把两条腿画成一条直线，手也伸直，头发往后飞。（这时全班小朋友都开心地笑了）

师：原来是这样啊，不过不能飞太高，会撞到飞机哦！

（又是一片欢笑声。教师引导学前儿童在宽松的氛围中进行自我评价，效果更好）

（三）评价《跳绳的小朋友》

学前儿童对动态的掌握稍差。（两手举得高高的，上面画了根绳子，两脚分得很开，明显动作不协调）

师：说说这位跳绳的小朋友。你画出的是跳绳，看出来了。（先给予肯定）你知道怎样跳绳更快吗？

生：（开始做动作）手要甩得高高的，腿要并拢——哎呀，我画分开了！（学前儿童意识到了）分开跳不高，我等下再画。

师：好的，等下你画跳得快的小朋友。老师还可以脚一高一低地跳绳呢！

接着，教师示范动作，也有小朋友回应着"我也会"。教师让儿童发现了自己的不足，并对其提出了更高的要求。

（四）学前儿童对最佳作品达成共识，教师总结学前儿童的评价

教师小结，肯定画"跑和玩攀爬"的小朋友，并引导他们对自己的作品进行了正

确的评价，鼓励画跳绳的小朋友找出与最佳作品之间的不同与差距。教师进一步提出：小朋友真棒！再想一想，还能画出更多的人物、更有趣的动作吗？

（五）学前儿童依据教师的任务创作自己的作品

对绘画中存在不足的小朋友，教师要进行个别的耐心引导。通过身体语言、口头语言给予安慰与鼓励，在保护其自尊心的前提下使学前儿童意识到自己的不足，并提醒学前儿童做添加、删减等改进。

（六）学前儿童对照最佳作品评价自己的作品

其他学前儿童在欣赏同伴的作品，并听过作者的自评后，对人物动态的理解更加深刻。教师请学前儿童对照最佳作品对自己的画做出评价，并提出不足。（学前儿童可以说给同伴和教师听，也可以说给自己听，如人物更多、游戏更有趣、玩得更开心，等等）

（七）教师点评学前儿童的自我评价

师：刚才小朋友们都评价了自己的画，老师觉得你们说得很有意思，我很喜欢听！你们觉得呢？

生：我觉得很好玩！

生：我觉得刚才小朋友讲得对！

生：小朋友说了后，我也知道怎样画爬得高的小朋友了。

活动分析：

本次美术教学活动，幼儿的创造性思维得到了充分的发挥。教师让幼儿展开想象的翅膀自由地翱翔，幼儿通过联想创造了丰富的画面，不管是能力强的幼儿还是能力弱的幼儿都画出了与主题相符的内容。教师觉得每一幅画都富有魅力、充满童趣，这是心灵的启迪、智慧的曙光。教师在美术活动中让幼儿的心理健康成长，同时也没有忽视幼儿美术技能技巧的训练与培养。绝大多数幼儿能把运动中动作的基本特征表现出来。

总之，本次学前儿童美术活动教育目的明确，教育过程设计合理，步骤清晰，教与学配合良好，体现了教师正确的教育指导思想和理论观点，达到了预期的目标。

当然，这次活动的组织者还有不足之处，特别是在提高幼儿绘画技能方面，还有待改善。比如，有些小朋友画的《跳绳的小朋友》，跳绳动作是两手举得高高的，上面画了根绳子，但两脚分得很开，明显动作不协调。这些不足，对于大班的幼儿来说，特别是那些绘画能力强的幼儿，应在教师的指导下表现出来。由于教师在这方面指导不够仔细，幼儿也没有把握这些特点。有条件的话，教师可以带领幼儿去儿童乐园观察，让他们熟悉儿童乐园里正在玩耍的小朋友的各种动作、姿态，这样效果会更好一些。

思考练习

1．学前儿童美术教育活动结束后，若教师既没有评价也没有反思会造成怎样的后果？

2．有人说，学前儿童美术评价活动不需要自评和互评，只需要他评，这种说法对吗？为什么？

3．自选两幅儿童画，试着对其进行评价。

参考文献

［1］张敬. 外国美术史简编［M］. 北京：高等教育出版社，2008.

［2］吴军. 美术起源的学说［EB/OL］.（2012－03－16）［2018－04－20］. http://www. fevte. com/tutorial－13646－1. html.

［3］方元. 学前儿童绘画色彩心理活动分析［J］. 大众文艺，2013（13）：246.

［4］王书民. 美术教育对儿童的重要性［EB/OL］.（2016－03－18）［2018－04－20］. http：//art. china. com/wemedia/11174268/20160318/22110535. html.

［5］汤霞敏. 幼儿园美术教育与活动设计［EB/OL］.（2018－01－21）［2018－04－20］. http：//www. doc88. com/p－9793550520025. html.

［6］吴萍. 从"蝌蚪人"的演变过程看新《指南》的有效落实［EB/OL］.（2014－1－28）［2018－04－20］. http://www. age06. com/Age06. Web/Detail. aspx？InfoGuid＝260f048e－5706－4dca－9464－c38a6385291c.

［7］吕小玲. 幼儿艺术教育活动与活动指导［M］. 长春：吉林大学出版社，2015.

［8］陆兰. 幼儿艺术美术教育与活动指导［M］. 南京：江苏教育出版社，2013.

［9］高红星. 学前儿童美术教育［M］. 北京：科学出版社，2012.

［10］林琳，朱家雄. 学前儿童美术教育与活动指导［M］. 上海：华东师范大学出版社，2006.

［11］王彩凤. 学前儿童美术教育［M］. 2版. 上海：复旦大学出版社，2016.

［12］张浩，安然. 学前儿童美术教育与活动设计［M］. 北京：科学出版社，2017.

［13］郭亦勤. 学前儿童艺术教育活动指导［M］. 上海：复旦大学出版社，2009.

［14］尹少淳. 美术教育学新编［M］. 北京：高等教育出版社，2009.

［15］孔起英. 学前儿童美术教育［M］. 南京：南京师范大学出版社，2013.

［16］霍力岩. 学前教育评价［M］. 北京：北京师范大学出版社，2000.

[17] 陈帼眉. 学前儿童发展与教育评价手册 [M]. 北京：北京师范大学出版社，1994.

[18] 罗恩菲尔德. 创造与心智的成长 [M]. 王德育，译. 长沙：湖南美术出版社，1993.